Сергей Чесноков

РОССИЯ:
ВЛАСТЬ И МЫ

Избранные тексты
2000—2007

Израиль
2020

Сергей Валерианович Чесноков
«РОССИЯ: ВЛАСТЬ И МЫ»
Филадельфия, 2020, 144 с.

Составитель: Кирилл Резник
Обложка: Жанна Сугира
Все права защищены

Russia: Authorities and Us. Selected Articles 2000-2007
Library of Congress Control Number: 2020911333

Compiled and Designed by Kirill Reznik
Book Cover by Jeanne Sugira
Published by Paul Mostinski, Philadelphia, USA
All Rights Reserved.
ISBN: 1734786293
ISBN-13: 978-1734786293
© 2020 Sergey Chesnokov

Памяти моей жены Лины

От автора

Осенью 1999 года Борис Ельцин, оставаясь формально президентом России, фактически передал управление страной в руки спецслужб. Это решение означало конец надежд на демократическое развитие России, а для нас с Линой неизбежную эмиграцию в Израиль, которая состоялась в 2010 году. В период с 2000 по 2007 годы, чтобы разобраться в происходящем, опираясь на общедоступные факты, я сделал серию текстов и опубликовал их в России и за рубежом. Спустя годы мой сын Кирилл составил эту книгу, она вышла в свет благодаря Павлу Мостинскому, другу нашей семьи.

Сергей Чесноков

2000

Февраль 2000	А чему удивляться?	5
Март 2000	Когда сверху только Бог	11
Август 2000	Путин и будущее России	22

2004

Октябрь 2004	Власть тени	33

2005

Август 2005	Философия, стратегия и практическая политика КГБ в современной России	35

2007

Апрель 2007	Власть в России против несогласных	129

Контекст избранных публикаций	138
Контекст публикаций в Интернете	142
Об авторе	144

А чему удивляться?

Не коррупция, а система перераспределения государственных ресурсов

9 февраля 2000 г.

В России после августа 1991 года не было государственной власти, только внешние формы. Власть имитировала государственную деятельность, но основным ее занятием было движение теневых капиталов. При коммунистах, в конце 1970-х, 40 процентов оборота денег и ресурсов в стране приходилось на теневую экономику (по тогдашним оценкам, сделанным в отделе известного экономиста, академика Станислава Шаталина, впоследствии советника Михаила Горбачева по экономике). Девять десятых из них были разного рода «откаты» за получение плановых средств. Директор одного тбилисского строительного треста говорил: «Чтобы провести ЛЭП в Зугдиди, я строю коровник в Ростовской области, — какого черта?». Егор Гайдар либерализовал цены и отдал государственную собственность тем, кто имел доступ к ней при советском строе. Он превратил коммунистов в собственников. Это был единственный реальный способ избежать реставрации режима в условиях, когда вся тоталитарная инфраструктура власти и экономики была готова в любой момент к возврату в прошлое. Некомпетентность власти и дефицит политической воли в продолжении реформ привели к трагичным последствиям. Черная и белая экономики поменялись местами. Существовавшая при коммунистах система «откатов» легализовалась. Вместо экономики возникла псевдоэкономика, где главный товар — власть. При Советах на концах финансовых цепочек были коровники и ЛЭП. Теперь это стали исключительно виллы, мерседесы, джипы, яхты и круизы. *То, что в России называют коррупцией, никакая не коррупция. Это мощная государственная система перераспределения государственных ресурсов, за-*

менившая реальную экономику, ставшая синонимом нового государственного устройства.*

Реальная власть озабочена только самыми тривиальными и беспроигрышными формами вложений своих капиталов, гарантирующими ей не прибыль, а барыши. Мы радуемся, конечно, «завоеваниям демократии». А толку? Условий для бизнеса нет. Наука и культура в загоне. Народ обнищал. В тюрьмах и лагерях хуже, чем при Сталине. И попадают туда по тому же советскому принципу, который в свое время озвучил Николай Николаевич в романе Юза Алешковского: «У нас не считается, сколько спи...л, главное — не воровать».

Эту травку еще долго поливать

В кругах, которым общество обязано наиболее острой и бескомпромиссной постановкой моральных проблем власти, озабоченность бедами людей, страдающих от произвола госорганов, традиционно не только не подразумевает включение в реальную государственную деятельность, но даже прямо противостоит такому включению. Необходимость внести в свое сознание реалии, которые делают решение моральных проблем по-настоящему трудным делом, расценивается как зло, посягательство на правильность моральных императивов.

Видеть в жизни драму с многими равноправными началами — это для древних греков. Для нас главное — жить по совести, умея правильно делить мир на «мы» и «они». Очевидное грустное обстоятельство: совестливость, приверженность правам человека и научному мышлению не гарантируют ни адекватности в управлении государством, ни понимания государственных проблем.

В ноябре 1990 года Подмосковье было набито «копавшими картошку» войсками, готовыми поддержать военный переворот во главе с руководителем КГБ Крючковым, министром обороны Язовым и серым кардиналом партийного аппарата Лукьяновым. «Московская трибуна», объединившая в годы перестройки элиту научной интеллигенции, повесила тогда на Горбачева клеймо диктатора. Советский и партийный аппарат еще оставался основой государственной жизни. Михаил Горбачев вводил демократические нормы, действуя как знаток функций советской идеологии и технологии тоталитарной власти. Для него взбунтовавшиеся армия и КГБ были реальностью, от которой никуда не уйти, а для Московской трибуны — только исчадием зла. Спасшие тогда страну точные действия Горбачев вынужден был предпринимать, оставшись единственным гарантом процесса демонтажа системы. Если бы путч состоялся в ноябре, а не позже двумя этапами –проба в январе и финал в августе, — быть бы Ельцину не в Горках, а на нарах, а стране — купаться в крови. Горбачеву никто даже спасибо не сказал. До сих пор только ленивый не пинает его ногами.

Цивилизованная философия практической политики и государственной деятельности не для нас. Опыт царских министров Витте и Столыпина остался без продолжателей. При большевиках репрессии раскололи общество: практика власти и ее моральное осознание оказались по разные стороны пропасти между населением страны и государственными институтами.

Наша надежда — Ельцин

На выборах 1996-го у коммунистов было порядка 40 % симпатизирующего им электората, у Бориса Ельцина — еле-еле 13%. Семья и окружение использовали это, пугая страшилкой — папашей Зю. Власть тогда вываливалась из кремлевских окон нагая, ее Коржаков подбирал. В то же время по данным опросов демократически настроенный электорат составлял не меньше 60%. Надо было специально очень постараться, чтобы в таких условиях одержали победу коммунисты. Однако, лучшие умы убеждали народ, что некоммунистической альтернативы Ельцину нет. Это была ложь. Ее оправдывали приверженностью Ельцина свободе печати и его борьбой с коммунистами. Но реальный мотив был проще: да, дерьмо, зато свой. В этих условиях большинство политически ангажированной интеллигенции и демократически ориентированных политиков предпочли закрыть глаза на беды, принесенные стране Ельциным, включая нарушения прав человека, которые он фактически санкционировал. Вся кампания прошла как беспардонное насилие над здравым смыслом и гражданскими чувствами избирателей. Альтернативой была грамотная политическая деятельность по смене режима в пользу другого некоммунистического кандидата (того же Явлинского). Она требовала немалых усилий. Но, следуя сюжету пушкинской «Сказки о попе и работнике его Балде», будущее предпочли купить за три рубля. И купили. Отсутствие государственной власти при этом никого не волновало.

Наша надежда — Путин

За прошедшие десять лет власть в России испытала все стили мышления, претендующего на масштаб страны: диссидентское, академически научное, перекрасившееся красно-директорское. Возобладал коммунистический ампир на полудемократических началах. Остался не у дел только стиль, своим рождением и развитием обязанный Юрию Андропову. Стиль послесталинского и послехрущевского КГБ. Истоки его хорошо видны в «Заповеднике» Сергея Довлатова. Теперь настал черед этого варианта политической культуры. Юрий Владимирович одной рукой сажал диссидентов, другой поддерживал Театр на Таганке. Владимир Владимирович, с одной стороны, считает вполне приемлемой государственной мелочью отвратительную историю с Андреем Бабицким. С другой стороны, из короткой телевизионной реплики одного из членов инициативной группы мы узнали, что со своей женой г-н Путин познакомился не где-нибудь, а на концерте Аркадия Райкина, и что это та-а-к важно. Одесса большая, но силовые ведомства больше. Дел много, срок короткий, хозяйство сложное, за всем не уследишь, 27 марта есть пусть небольшой, но шанс проснуться бывшим Калифом на час. Хочется надеяться, что Путин пока не может отвечать «за всю Одессу». Опыт учит, что такие надежды чаще всего следствие наивности. Посмотрим. Нельзя не обратить внимание на цепь выразительных примеров.

Начало декабря 1999 года. Безумный ультиматум генералов жителям Грозного. Стиль тот же, что у приказа, по которому был сбит американский боинг с пассажирами при Андропове. Путин защитил генералов, дезавуировал ультиматум и смикшировал шок мировой общественности.

Выборы в Думу. Министр МЧС Шойгу и спортсмен, чемпион мира по борьбе Карелин, создали для Путина вторую по численности фракцию депутатов в Государственной Думе. В ней те, с кем КГБ всегда замечательно умел работать, чьи качества даже при коммунистах никогда не оценивались с точки зрения «марксист — не марксист» или «верит — не верит в догмы». Дисциплинированные, прагматичные, ясно мыслящие, уважающие силу и не озабоченные моральными аспектами санкционированных властью дел. Шойгу и Карелин сделали свое дело, о них можно забыть.

Первый день работы Думы. Путин санкционировал альянс с коммунистами и преподал остальным урок: в политике разрешено все, что не запрещено. Он показал, что перед лицом политической целесообразности ему наплевать на романтические разборки правых с коммунистами. Его ставка не на этих коммунистов из КПРФ, большинство которых — наивные дураки в сравнении с теми, кто действительно определял структуру власти при Советах. Не они его, а он их манит пальчиком, твердо зная, что среди них нет ни одного, кто сопоставим по квалификации с Юрием Андроповым, Генрихом Боровиком или Сергеем Михалковым.

Обмен Андрея Бабицкого. Показано, что если журналист мешает, власть имеет средства убрать его (а если надо — и убить), сохранив видимость законности. Остальное — лирика.

Всюду видны целенаправленность, собранность, четкие элементы цинизма, решимость восстанавливать государственную идеологию — смесь коммунистической и монархической, а если надо, — идти по трупам. Власть не намерена миндальничать и готова действовать по обстоятельствам. Обстоятельства не исчерпываются проблемами Кремля, олигархов, Думы и Федерального собрания. Новый президент будет править изменившейся Россией. Люди в стране почти разглядели себя реальных, а не идеологически выдуманных. Они учатся понимать друг друга. Рядом открыто заявила себя и вышла на поверхность общественной жизни профессиональная технология убийств. Система преступности и система власти объединились. У жителей с грехом пополам сложились непривычные пока умения выживать, перебиваться, кое-как вести бизнес, а иногда и процветать. Распались старые и появились новые социально-профессиональные группы. Свобода информации воспринимается как естественная норма. Ожил язык. Появились интересные театры. Центральные улицы больших городов заполняют наркоманы, больные СПИДом и проститутки. Взрослеет поколение, не знающее, кто такой Ленин. Россия стала страной Интернета. По данным агентства *мониторинг.ру* шесть миллионов взрослых россиян имеют опыт посещения Интернета, а 18 миллионов жителей страны получают из Интернета информацию сами либо от ближайших друзей. Менее 20 процентов из них приходится на Москву и Санкт-Петербург, остальное — провинция. Необратимо рушится древняя столичная ориентация жизни страны. Столицы перестают быть пупами земли, активизируются регионы. На очереди — социальное оформление последствий Чечни.

Эти десять лет население и власть были в разных мирах. Люди жили, как могли, власть не обращала на них внимания. Таким был для России начальный опыт гражданского общества. Когда власть глупая и алчная, это — не худший вариант. Какими будут отношения страны и власти в следующие после марта четыре года, неясно. Методы грядущего правителя настораживают или вызывают протест. Но удивляться нечему.

Когда сверху только Бог

20 марта 2000 г.

За две недели до выборов президента России в Коммерсанте (№40, пятница, 10 марта 2000 г.) появилось подробное интервью с исполняющим обязанности Президента РФ Владимиром Путиным. PR самого проходного кандидата построен на обнаженной лексике: заголовок «Железный Путин», первый же подзаголовок — «Кто такой сексот?», и т. д.

Подтекст: собеседник острых вопросов не боится и внятно на них отвечает. Кому не нравится — его дело. Да, КГБ. Ну и что? Выполняет государственные функции. Три сюжета из текста, опубликованного в «Коммерсанте» (Оригинал текста: *www.kommersant.ru/doc/142144*, «*Железный Путин*». *Спецзадание спецкоров «Ъ» Наталии Ъ-Геворкян и Андрея Ъ-Колесникова*).

Сюжет 1. Сексоты — государственные люди, если стучат на идейных принципах

Цитата 1.

В. В. Путин. Это важный инструмент жизнедеятельности государства — сотрудничество с нормальными гражданами. Главное, на какой основе оно строится. Сексот кто такой, знаете?

Корреспонденты «Ъ». Секретный сотрудник.

В. В. Путин. Хорошо. А почему это приобрело такой негативный оттенок, знаете? Потому что эти люди выполняли определенную функцию. Какую?

Корреспонденты «Ъ». Идеологическую.

В. В. Путин. Да, идеологическую. Это политический сыск. Вот мы говорим, разведка — это интересно. А вы знаете, что девяносто процентов всей информации добывается с помощью агентуры среди советских граждан? Агенты действуют в интересах государства. И не важно, как это называется. Важно, на какой основе происходит это сотрудничество. Если на основе предательства и материальной заинтересованности, то это одно, а если на каких-то идейных принципах, то это совсем другое. А борьба с бандитизмом? Ничего невозможно сделать без агентуры. *Конец цитаты.*

Сюжет 2. Андрей Бабицкий не защищен презумпцией невиновности

Цитата 2.

В. В. Путин. Вот вы говорите, что он российский гражданин. Тогда веди себя по законам своей страны, если ты рассчитываешь, что в отношении тебя будут соблюдаться те же законы.

Корреспонденты «Ъ». Все равно непонятно, по какому закону можно было его отдать.

В. В. Путин. Он сам попросил.

Корреспонденты «Ъ». А если бы попросил, чтобы вы его расстреляли, то что?

В. В. Путин. Это невозможно. Это запрещено внутренним распорядком. Я вам вот что скажу. Расстреливать бессмысленно, а вот получить за этого … пятерых наших солдат – мне кажется это вполне приемлемо.

Корреспонденты «Ъ». Верните Бабицкого.

В. В. Путин. Мы не можем его вернуть. Мы будем его искать и передавать в суд. Я не знаю, есть ли у этого дела какая-нибудь судебная перспектива. Я не уверен в этом. Но допросить его придется. *Конец цитаты.*

Сюжет 3. Павел Бородин защищен презумпцией невиновности

Цитата 3.

Корреспонденты «Ъ». Вы появились в Кремле в 1996 году.

В. В. Путин. Не в Кремле, а на Старой площади. Месяца через три после питерских выборов я стал заместителем управделами президента. *Корреспонденты «Ъ».* То-то вы теперь назначили Бородина на пост госсекретаря Белоруссии в России.

В. В. Путин. Не я назначил. Я предложил. И его избрали.

Корреспонденты «Ъ». При том что за ним тянется хвост всяких скандальных обвинений? Вы не считаете, что с этим нужно было сначала разобраться, а потом уж предлагать Бородина на какой-то пост?

В. В. Путин. Я считаю так, как это написано в законе. Есть золотое правило, основополагающий принцип любой демократической системы, и он называется «презумпция невиновности». *Конец цитаты.*

Возражений не требуется

Нелогичность Путинских ответов и двойная бухгалтерия (сюжеты с презумпцией невиновности) в сквозном движении «продавить» тему «государственных интересов» вряд ли для кого удивительны. Мы все объедаемся этим сейчас отовсюду. Люди озабочены царящим бардаком, развалом государства, бедствиями людей. Они думают «как могут», и здесь что академики и профессора, что кандидаты и доктора, что сантехники и гардеробщики — все в отношении логики рассуждений ведут себя одинаково, по принципу «Василий Иванович, белые в лесу! — Эх, Петька, до грибов ли теперь...». Пугает то, что власть в лице Владимира Владимировича подает эту нелогичность и двойную бухгалтерию как норму, возражать против которой, — хочешь — пожалуйста, но будь готов за занавеской столкнуться с технологией, которая перед лицом народа из тебя сделает идиота и предателя. И уши ФСБ не будут торчать, все будет чисто. Диспозиция сознания г-на Путина очевидна: с одной стороны — откровенные враги, с другой — отщепенцы, отбросы общества, мешающие решать серьезные задачи, на тех и других нужен щит и меч — что поделаешь. Ответы и. о. президента по-военному четкие. В них выстраданная в коридорах КГБ, Смольного и Кремля уверенность человека, готовая вот-вот превратиться в самоуверенность высшей государственной власти.

Журналистам пора вспомнить, как работать по-новому

Психологический жест Путина (по Михаилу Чехову) предельно четкий: «Я говорю такие простые вещи, что дураку понятно. А если нет, как с сексотами и информационной функцией КГБ, то просто потому, что журналисты не в курсе — не давали себе труда подумать, как в действительности работают государственные каналы сбора информации, необходимой для текущего принятия решений. Знают, что сексот — секретный сотрудник, а то, что без сексотов государству никуда — не понимают. Но поймут». Это один из жестов. Российские средства массовой информации очень четко его уловили. Погуляв на свободе, они стосковались по работе на заказ со стороны власти, которая знает толк в механизмах идеологического контроля. Потенциал тоталитарной технологии власти наготове. Спрос обозначен, предложение появилось сразу. Михаил Леонтьев на ОРТ для всей России каждый день в прайм-тайм (вечерний выпуск «Времени») в авторской программе «Однако» успешно дает мастер-класс технологии *как лизать властную задницу, демонстрируя свободомыслие*. Журналисты мотают на ус. Идеологические волки брежневского времени (Юрий Жуков, Виталий Корионов и ныне сменивший имидж Генрих Боровик) могли бы у Леонтьева поучиться, как продолжать развитые ими традиции советской идеологической политики в современных условиях. Поиск заказа власти — доминанта нынешней политической журналистики. Исключения редки. Евгений Киселев, Виктор Шендерович, Николай Николаев на НТВ, еще — раз-два и обчелся, и все. На все российские СМК.

Возврат к тотальному стукачеству

В сюжете о сексотах Путин грамматически перенес прошлое время на «советское настоящее». Это воспринимается как зловещая оговорка: «А вы знаете, что девяносто процентов всей информации добывается с помощью агентуры среди советских граждан?». Система тотального стукачества никуда не делась, она продолжает здравствовать, требуются только бюджетные вливания, чтобы дать ей новый импульс. Не будем забывать, что способ добывать информацию о социальных процессах через стукачей есть функция насилия со стороны власти. В обществе, где беззаконие — норма жизни, люди охраняют себя от любопытных ушей и глаз, чтобы во имя собственной безопасности скрыть от властей свои самые обычные житейские мысли и намерения.

В силовых структурах взаимная слежка — норма. Во времена брежневского министра внутренних дел Щелокова, когда образовательный ценз милиционеров был повышен до уровня средней школы, люди стали говорить, что «милиционеры теперь ходят по трое: один умеет читать, другой — писать, а третий смотрит, чтобы эти интеллигенты чего-нибудь не натворили».

Демократическое государство засылает разведчиков исключительно в другие страны или к внутренним преступникам. Тоже не подарок в смысле разрушения фундаментальной морали, но лучшего не придумано. Но со своими собственными гражданами демократическая власть вынуждена разговаривать, соблюдая их права, — она должна делать это, иначе не сможет выполнять свои прямые обязанности. Разговаривать и шпионить — разные вещи. Тоталитарное государство, для которого весь мир — враг, вынуждено включить в число потенциальных врагов также и всех своих жителей, досмотр за которыми есть функция беспрепятственного полицейского сыска. Разговор не устраивает, необходима слежка. И не случайно, что именно в тоталитарных системах господствует государственная философия, в которой разведка и контрразведка мыслятся главными источниками эффективной информации для ведения не только внешней, но и внутренней политики.

С позиций этой философии придание понятию «разведчик» расширительного значения есть естественная государственная необходимость. Четверть граждан страны в качестве разведчиков засылаются к оставшимся трем четвертям, чтобы представлять настроения людей и планировать политику. Примерно такие масштабы имеет система стукачей на постсоветском пространстве. Путин преподносит это как неизбежность, без которой государство неспособно правильно функционировать. Так ли это? Да нет, уж если говорить об информации относительно мнений и настроений людей, существует всем известная цивилизованная альтернатива — сеть конкурирующих социологических служб, специализирующихся на мониторинге общественного мнения. В стране действует ряд таких центров, но реальная, советская по философии, власть не привыкла к работе с открытой информацией.

Для Путина аксиома, что открытая информация не может быть надежным и эффективным инструментом при планировании практической политики. Нет у него даже мысли, что к тем же чеченцам можно обратиться с вопросами о политике, которую он проводит на Кавказе, и узнать у людей, что они (а не чиновники) думают о происходящем. И сделать это так, чтобы выборка была представительной, вопросы были понятными людям, не вызывали у них опасений пострадать за правдивые ответы, а содержание вопросов было бы информативным для тех, кто действительно, а не на словах хочет узнать мнение народов Кавказа по важнейшей сейчас для России проблеме. Вместо этого, поговорив с теми, кого к нему допускает охрана, и почитав отчеты доносчиков, он считает, что знает мнение дагестанского или чеченского народа.

Система стукачей не только аморальна, не только разрушает и без того изуродованный контакт власти с народом, но и неэффективна в самом что ни на есть утилитарном смысле — она дорого стоит и принципиально не позволяет оценивать мнения и настроения людей на уровне, который требуется при принятии ответственных государственных решений. Она оправдала себя при слежке за диссидентами в условиях, когда нарушения прав человека власть рассматривает как свое неотъемлемое право. Она великолепна как инструмент теневого использования власти структурами, контролирующими «доступ к телу» первого лица: имидж «наиболее достоверной информации» позволяет любую чушь, которая имеется в доносах, выдавать за «объективное положение дел», формируя тем самым нужное мнение у президента и высших чиновников. Но она не годится для целей управления государством, ибо не удовлетворяет самым элементарным требованиям валидности, прозрачности интерпретации и представительности — это знает любой мало-мальски грамотный специалист, знакомый с технологиями сбора социальной информации, которыми пользуется весь цивилизованный мир.

По важному вопросу технологии власти в демократическом государстве господин Путин здесь публично демонстрирует культуру государственного мышления, выпестованную в недрах КГБ. Он убежден, что доверять можно не массовым опросам, а только системе сексотов, которые работают не за страх, а за совесть. Эту философию за пять минут до того, как она вновь станет государственной, и возвращает нам всем с полуулыбкой господин исполняющий обязанности. Конечно, мысль, что в стукачи надо отбирать только убежденных идейных информаторов, в известном смысле прогрессивна. По крайней мере варианты типа воспетого Высоцким «Я спросил, зачем ты, Нинка? — Чтоб женился, говорит» уже имеют шанс быть официально непризнанными. Нетрудно представить, что для некоторых спецслужб и эта мысль должна казаться смелой новацией. Но если это — высший уровень идей будущего президента в области практической философии управления государством, становится не по себе.

Будет ли Путин реставрировать коммунистический режим?

Что понимать под реставрацией? Если возврат коммунистов к власти, можно точно сказать: Путин этого делать не будет. Не потому, что он привержен демократии (это как раз большой вопрос), а потому, что это не нужно никому, включая самих нынешних коммунистов. Даже в Советском Союзе коммунисты никогда не были у власти. Режим назывался «коммунистическим», но это было не более, чем отличительное имя той общественной системы. Иосифу Сталину, Лаврентию Берия, Михаилу Суслову и иже с ними на коммунистов, как и на всех других, было в высшей степени наплевать. Они занимались не теорией «по Марксу-Энгельсу-Ленину-Сталину», а исключительно практикой. Адаптивные возможности этой практики в новых условиях полудемократического общественного устройства далеко не исчерпаны. Путин не будет реставрировать коммунистический режим. Но очень вероятно, что инструменты решения государственных проблем в России он будет искать в опыте прошлого. И не только потому, что он не хочет иного (это пока неизвестно), а потому, что иного пока нет. Он будет строить новое общество, но в связи с этим вспоминается анекдот брежневских времен: «Будет ли война? — Нет, но будет такая борьба за мир, что камня на камне не останется».

Щит и меч

Став президентом, взяв на себя всю полноту легитимной власти, Путин изменится и будет действовать сообразно обстоятельствам. Остается надеяться на мобильность его сознания. Однако, знаки, свидетельствующие об уровне политической культуры, которую он несет, вызывают глубокую тревогу. Мечтая мальчиком о карьере в КГБ, Владимир Владимирович мечтал о служении Родине в роли разведчика. Между прочим, ключевая особенность этой роли в том, что, служа Отчизне, разведчик не имеет права обсуждать осмысленность целей и задач, которые ставит ему Родина. Он должен гнать от себя мысль, что в приказах, получаемых им сверху, на месте, где должна стоять виза Родины, может оказаться подпись какого-нибудь мерзавца. Должен, потому что если такие мысли не гнать, недолго докатиться и до той разновидности предательства, которую Путин ненавидит. Вот почему мечты девятиклассника Володи, впоследствии реализованные им во взрослой жизни, были не слишком хорошей путеводной нитью для вступления его в роль, когда сверху вместо начальников только Бог, а подписываться в указах на том месте, где расписывается Родина, должен будет он сам.

«Мой бог, сотворенный из глины, сказал мне: — иди и убей!..»

Арестован Радуев — один из ведущих чеченских террористов, которому инкриминируют организацию взрывов в Москве. 15 марта с. г. на ОРТ в программе «Время» на экране — женщина. Ее спрашивают о Радуеве. Она говорит: «При взрыве дома в Москве у меня погибла дочь. Она была такой чудесной девочкой. Радуев — зверь, он ее убийца. И я считаю, он должен умереть за то, что сделал. Смерть Радуеву!».

Смена кадра — и другой человек, интеллигентного вида, говорит: «Радуева мало убить просто так. Он должен погибнуть медленной смертью, чтобы пережить весь ужас своей смерти не один, а много, много раз, по мгновениям, как это пришлось переживать его жертвам, и чтоб неповадно было другим». Суммируя, ведущая передачи говорит, что «простые люди требуют смерти Радуева». Стоп. Включаем эпизоды, где Путин говорит о том, что «бандитов надо мочить в сортире».

Стоп. Еще эпизод: люди по всей стране поддерживают Путина и говорят: вот наконец-то человек, который отомстит бандитам за совершенные ими злодеяния. Стоп. А теперь представим невероятное. Телекамера в казахстанской степи, февраль 1946 года, и бабка Радуева говорит маленькому мальчику, своему сыну, отцу Радуева: «Твой дед не хотел бросать наш дом в Чечне и его убили на месте. Твоего дядю застрелил энкавэдэшник. По дороге сюда, зимой, в товарном вагоне два твоих брата и сестра погибли от холода. Запомни, сынок, ты должен отомстить тем, кто уничтожил твоих родных и половину нашего народа. Иди и убей! Если не ты, это должен сделать твой внук. Если не он — твой правнук. Проклятие и смерть убийцам, их детям, внукам и правнукам!».

Как это было на самом деле? И было ли это в семье Радуева? Мы не знаем. Но разве это имеет значение? Так — было. По сути. Мы все — русские, не русские, те, кому война — горе, и те, кто греет на ней руки, живые и павшие, солдаты федеральных войск, боевики и мирные жители — мы все знаем, что нефть, деньги олигархов, амбиции штабных генералов и бандитизм чеченских террористов приобретают невероятную свободу действий в условиях, когда двигателем войны становится «Иди и убей! Кровь за кровь, смерть за смерть!». Мы слышим этот призыв со всех сторон. По всей стране идет вой по погибшим. Не пора ли внятно признать, что мужеству и героизму наших солдат противостоят мужество и героизм боевиков? Мыслимо ли представить, что тысячи чеченцев усеивают собственными трупами и трупами наших мальчиков родную свою землю только для того, чтобы иметь право красть людей и совершать террористические акты? Идеология войны запрещает ставить такие вопросы. Это мешает вести войну. Но кто сказал, что именно идеология войны должна управлять нашей жизнью?

Помечтаем?

Отвечая корреспондентам «Коммерсанта», Путин говорит, что незадолго до смерти мама дала ему крестильный крестик — освятить его на Гробе Господнем. Он взял его и надел на себя, с тех пор не снимает.

Помечтаем: Путин открывает Священное Писание, читает и приходит к мысли, что ключи от государственной мудрости не у идеологов КГБ, а в этих книгах. И что, решая важнейшие государственные задачи, обусловленные кризисом власти, стремясь пресечь бандитизм и сохранить целостность России, он обязан плюс ко всему еще и пресечь могучее движение кровавого колеса, которое до сих пор составляет неотъемлемую часть истории нашей страны. И он вдруг начинает соображать, что не щит и меч по Юлиану Семенову, не идеологические схемы осеняющих себя крестным знамением черносотенцев и коммунистов, а укрепление институтов гражданского общества и реформа политической морали могут постепенно (и никак не сразу) принести не только облегчение, но и процветание нашей измученной стране. Чудовищно трудная задача. На уровне практической политики ее никто в России даже не ставил. Она захватывает его воображение и он решает: вот достойное поприще, которому не жалко посвятить себя целиком.

Размечтались. Не будет этого. И Путин нам об этом ясно заявляет везде, где может. Не жизнь готовится строить он, став президентом, а рай для ФСБ, МВД и чиновников государственного аппарата. Система стукачей наготове. Люди боятся за судьбу своих детей. Опираясь на указ Путина, военные комиссары уже начали гнать их в армию. Бывшие сержанты, знающие толк в дедовщине, готовятся учить безусых пацанов жизни. Министры правительства все увереннее демонстрируют знакомый начальственный тон, не допускающий возражений. Мастера идеологической и информационной поддержки под руководством Сергея Ястржембского вступили в свои права и рвутся завоевывать новые плацдармы. 26 марта 2000 года Путин победит, в этом нет сомнений. А нас ждет не становление гражданского общества, а новые волны эмиграции, — если этот канал бегства от грядущего режима не будет предусмотрительно перекрыт.

Сергей Чесноков

Путин и будущее России

1 августа 2000 г.

(опубликовано в журнале «Вестник» (США) № 16 (249) и в газете «Русская мысль», Париж, № 4329, 03 августа 2000 г. под заголовком «Я иду по ковру, ты идешь, пока врешь»)

Арест главы холдинга «Медиа-МОСТ» Владимира Гусинского 13 июня и его освобождение через три дня напоминают анекдот советских времен о посадке картошки на Чукотке: «Вчера посадили, сегодня выкапываем», — с характерным акцентом объяснял столичным гостям председатель чукотского сельсовета. «Что, так быстро растет?» — «Нет, кушать хочется». Место председателя сельсовета заняла Генеральная прокуратура РФ. Роль картошки отвели Гусинскому. Гарантом обеспечения прокуратуры «едой» стал президент Владимир Путин.

Этапы большого пути

Несколько месяцев назад, будучи простым премьер-министром, Путин выступал перед расширенным командным активом силовых органов. Со скромной гордостью, поданной в специфически шутливой форме, он сказал, что рад доложить присутствующим товарищам: полученное от них задание «внедриться в правительство и работать под его прикрытием» успешно выполнено. Товарищи поняли шутку и приняли ее с воодушевлением.

Успех на фронте исполнительной власти был закреплен на фронте власти законодательной. Выборы 19 декабря 1999 года привели к созданию мощного депутатского корпуса, способного обеспечить проведение любого нужного закона. Так состоялся первый этап операции захвата власти в России силовыми органами.

Следующий шаг был не менее успешен. На президентских выборах 26 марта чуть больше половины пришедшего на выборы населения страны проголосовало за Владимира Путина. Этим завершился второй этап операции. Роль специального публичного доклада перед товарищами выполнила официальная церемония инаугурации в Кремле 7 мая.

Сейчас третий этап. Он проводится в существующем конституционном поле — это принципиально важно. Помимо стандартных действий (формирование нового правительства и его программы) этот этап включает формирование жесткой властной вертикали. Новые административные округа и правильная расстановка кадров в них должны обеспечить контроль над процессами в стране и регионах. Сформированные в округах филиалы Генеральной прокуратуры призваны, как заявил президент, создать условия для оперативного принятия нужных судебных решений. Это потребуется, когда придется круто разбираться с губернаторами и оппозицией на местах. Перечень открытых действий завершает создание структуры Совета Безопасности, позволяющей вынести решение государственных вопросов за пределы правительства, и формирование официальной партии власти на базе депутатской фракции «Единство».

В текстах интервью г-на Путина и красноречивых «психологических жестах», сопровождающих его публичные высказывания, просматриваются особо не афишируемые дополнительные меры, обозначающие пока работу, так сказать, «под прикрытием демократических конституционных норм». К ним относятся:

- Негласный (а иногда и открытый) передел собственности.
- Восстановление так называемых «первых отделов» в государственных организациях и предприятиях, через которые КГБ при советской власти осуществлял функции тотального контроля над всеми сферами общественной и частной жизни.
- Восстановление и расширение системы осведомителей,

ведущих политический и идеологический сыск среди российских граждан не «на основе предательства и материальной заинтересованности», а «на идейных принципах» (см. интервью с Владимиром Путиным в «Коммерсанте» за 10 марта 2000 г.).

- Активизация и модернизация структур ФСБ, занятых широкомасштабной профилактической слежкой за частной жизнью граждан и специальной слежкой за действиями тех, кто попал в сферу особого внимания органов.
- Восстановление утерянного за последние десятилетия контроля над средствами массовой информации как одним из важнейших привычных рычагов идеологического управления сознанием населения страны.
- Создание системы эффективного контроля над процессами в Интернете.

Программу третьего этапа предполагается, судя по всему, полностью реализовать в течение ближайших двух-трех лет.

Четвертый этап — внесение изменений в Конституцию, закрепляющих власть спецслужб и создающих возможность Путину продлить срок президентства еще минимум на 4 года.

Пятый этап, надо полагать, вписывается в концовку, характерную для русских сказок: и стали они жить-поживать да добра наживать.

Все в стране будет «схвачено». В союзе с правильной интеллигенцией будет сформулирована правильная национальная идея, которая проникнет глубоко в сердце каждого «нового советского». Чечня будет разгромлена и превращена в полноценный субъект федерации. Мощь бывшей империи засияет вновь. Силами отечественных ученых и деятелей искусства снова возродятся наука и культура. Другие страны Россию будут бояться, как раньше. Бояться и потому уважать. А врагам будет неповадно — любым, как внешним, так и внутренним. И в результате Россия почему-то обязательно станет богатой и процветающей.

За этим образом будущего России стоят понятные всему миру властные амбиции, имущественные интересы и традиции политико-управленческого мышления. В этом образе «процветающей сильной России» просматриваются также загадочные для внешнего мира, но хорошо знакомые россиянам сны о граде Китеже, расположенном на дне таинственного озера в глуши отравленных диоксинами и радиацией лесов и болот.

Партия Путина и КПСС

Недавно мы слышали скептические комментарии политиков и экспертов по поводу новой партии власти, созданной на базе фракции «Единство». Мол, ждет ее та же участь, что и партию Черномырдина или Лужкова-Примакова. Стоп. За Черномырдиным или Лужковым стояли чиновники, а за Путиным стоит аппарат КГБ.

Между прочим, неверно говорить, что в советские времена вся власть принадлежала КПСС. Ей принадлежал 51 % власти, 49 % было у КГБ.

Были периоды, когда на самом верху, в Политбюро, влияние КГБ было незначительным. Зато внизу, где власть партии переходила в реальную власть над народом, КГБ всегда держал контрольный пакет. Мнение первого отдела было обязательным для всех партийных чиновников, управлявших делами любого предприятия или ведомства. С конца 1960-х и до смерти Андропов с филигранной точностью выстроил баланс между внешними формами власти КПСС и внутренними формами власти КГБ внутри КПСС.

Михаил Горбачев, кстати, прекрасно использовал этот баланс при проведении перестройки. Без возникших отсюда управленческих ресурсов процесс демонтажа отлаженного механизма советской системы не состоялся бы. В каком-то смысле сейчас Путин «восстанавливает справедливость», пытаясь оплатить счета, которые к началу девяностых отказался оплачивать Горбачев, получив в ответ август 1991 года.

На рубеже 1980-х и 1990-х рухнули внешние формы власти КПСС. Но внутренние формы сохранили свой потенциал. Партия номинально лишилась своей инфраструктуры — зданий, линий связи и т. д. А КГБ — нет. Был смещен фактически только памятник Феликсу Дзержинскому с Лубянской площади, но и он готов вернуться, чтобы снова занять свое место и возвратить москвичам и всем российским гражданам страшно знакомое словосочетание — «площадь Дзержинского».

В КГБ, пронизанном духом тотальной элитарной тайной власти над всеми институтами государства и частными людьми, власти не декларативной, а фактической, господствовавшая коммунистическая идеология осознавалась как чисто функциональное обстоятельство. Православие рассматривалось как альтернативный политико-идеологический ресурс. Диссидентство тоже. Там культивировалась технология тайного подвязывания людей и социализации установленных связей несравненно более широкая, гибкая и маневренная, чем в КПСС (а с советской армией и сравнивать нечего). Известно, что из КГБ не уходили (и не уходят) в отставку или в запас, там остаются пожизненно.

Недавно в телевизионном интервью председатель Клуба ветеранов КГБ Валерий Величко, настаивающий на возвращении памятника Дзержинскому, высказался в том смысле, что, мол, *десятки тысяч чиновников подзабыли уже, что они числятся на учете в КГБ, но после внятного напоминания они вспомнят об этом в два счета.*

Так что партия Путина и любая другая «партия власти» последнего десятилетия — не одно и то же. Это, как говорят в Одессе, «две большие разницы».

Нужно ли возрождать КПСС, чтобы возродить ее управленческий потенциал? Конечно, нет. Красные тряпки, раздражающие противников коммунизма, больше никому не нужны. Можно вполне обойтись и без них.

Блины комом встали на поток

Успех Путина в завоевании власти был головокружительным. Однако реальный двигатель этого успеха известен всем: страх Ельцина за личную безопасность и безопасность своей семьи. К интересам страны это не имеет отношения. Другой «двигатель», вытолкнувший Путина во власть, — война в Чечне. Проблема Чечни унаследована от царского и сталинского режимов. Как часть проблемы Закавказья она относится к важнейшим проблемам российской государственности. Однако превращение ее в средство достижения личных целей «семьи» Ельцина сделало практическую политику России в ее решении также имеющей мало отношения к интересам страны.

Всем памятен отвратительный фарс, разыгранный спецслужбами с Андреем Бабицким под прикрытием Путина.

Находясь в Испании с первым государственным визитом, формирующим лицо новой власти в глазах мира, президент России на пресс-конференции, отвечая на вопрос об аресте Гусинского, экспромтом объяснил, что ничего не может сказать, потому что не дозвонился до Генерального прокурора. Это не было на грани фола. Это был фол.

Не менее неадекватными были обращенные к элите зарубежного бизнеса слова президента про миллионы, которые тратит «Газпром», покрывая долги «Медиа-Моста», тут же дезавуированные главой «Газпрома» Рэмом Вяхиревым.

Сопровождающие президента дипломаты интерпретируют столь же неловкое, сколь тактичное молчание публики в ответ на высказывания президента, как «крупный успех» российской дипломатии...

Длинная цепь событий в том же духе. За прошедшие после инаугурации полтора месяца правления президент сделал или санкционировал более чем достаточное количество заявлений, компрометирующих высшую власть страны. Уместные в докладе вышестоящему начальнику, они оказались не подходящими для публичной политики.

В комментариях журналистов, политиков, адвокатов все чаще слышатся самые резкие оценки. «Вранье в глаза», «государственная глупость», «слабость», «повязанность обязательствами перед силовиками и семьей Бориса Ельцина», «президента подставили», «начало контрпереворота», «наступление диктатуры на свободную прессу», «президент все спланировал сам», «спецслужбы начали наступление», «правонарушительные органы взбесились», «новый передел собственности», «страной правят дураки» и так далее. Трагичность ситуации в том, что для оправдания подобных оценок любой желающий может без труда найти безукоризненные доказательства.

Набор высоты или снижение?

Правильные вальяжные заявления премьер-министра Михаила Касьянова, демократическое прошлое министра Германа Грефа, внешние признаки разумного мышления в экономике, играющие с носорогом в домино «новые эксперты» под предводительством Глеба Павловского, заявления Путина о приверженности демократическим нормам и ценностям — все это вызывает больше сомнений, чем доверия.

В современной России сменить правительство и его программу (не говоря о привлеченных экспертах) можно в два счета — опыт есть. Очевидно, что кардинальные вопросы управления страной все более переходят от правительства к Совету Безопасности, где ведущие роли принадлежат представителям ФСБ. Множество взаимосвязанных событий свидетельствуют о резком расширении организационных возможностей для спецслужб.

Однако, если судить по результатам, они часто далеко не те, что нужны спецслужбам. Политика Путина наталкивается на активное противостояние делового мира, общественных институтов, политических сил разной направленности. Присутствие куклы Путина на НТВ стало понятным всему миру тестом на соответствие между декларациями власти о приверженности свободе слова и тем, что происходит на самом деле. Если кукла исчезнет, это будет сильнейший знак.

Путину противостоит даже Совет Федерации. Пусть мотивы, заставившие многих сенаторов наложить вето на закон, отлучающий их от работы в Совете, прозрачны донельзя, но факт остается фактом: сенаторы объявили себя противниками путинского стиля в решении важных государственных проблем.

По данным агентства monitoring.ru более 20 миллионов взрослых россиян со средним возрастом 33 года интегрированы в широкий мир через Интернет либо сами, либо через своих ближайших друзей. 85 % из них проживают в регионах. Всем другим телеканалам они предпочитают НТВ. Это образованные люди с открытым сознанием, составляющие наиболее активную часть населения. Эта среда — а ее численность растет — не примет идеи управления, основанные на идеологическом насилии и политическом сыске. Время другое. В России потенциал противодействия духу реставрации сталинских по сути политических методов шире, чем представляют себе «твердые путинцы».

Двойной экзамен

Новейшая история российской государственности развивалась под знаком двух ключевых процессов: оформление спектра конфликтующих политических сил и формирование системы, гарантирующей сосуществование этих сил в политическом пространстве страны.

На глазах всего мира в политическое пространство России со сверхзвуковой скоростью врезалась комета. По историческим меркам мгновенно (года не прошло) сформировалась новая политическая сила, которая до сих пор не выходила на уровень публичной политики, но когда-то была важнейшим элементом советской тоталитарной системы. В руках этой силы колоссальные властные полномочия и организационные ресурсы: вторая по величине фракция в Госуме, высшая государственная власть в лице президента, правительство. Сейчас мы наблюдаем эффект ударной волны, от которой режет уши и дрожат стекла.

Происходящее — «двойной экзамен», в котором каждая из сторон видит себя экзаменатором. Выдержит ли этот экзамен сложившаяся к настоящему моменту государственная система и ее институты? Пока трудно сказать. К сожалению, слишком много данных говорит в пользу худших вариантов развития событий. Грозящий стране тотальный кризис по своей жесткости ни в какое сравнение не идет с самыми острыми кризисами последних десяти лет.

Несомненно, что для новой со старыми отметинами политической силы это тоже экзамен. Заявка спецслужб на захват власти принята населением и на три четверти удовлетворена. Но это пока. Те, кто привык быть незаметными разведчиками и соглядатаями в условиях советского и полусоветского времени, должны отстоять право быть публичными политиками в условиях новой России со значительной частью населения, в особенности молодежи, не отравленной страхом перед спецслужбами. Кроме того, не забудем, что самые грамотные противники тоталитаризма воспитываются внутри тоталитарных структур.

Что нас ждет?

Вариант 1.

Господин Путин и существующая государственная система находят баланс, не ломающий демократические структурообразующие начала современного российского общества. Силовые органы приобретают политический опыт, позволяющий им достигать целей, соизмеряя свои интересы с интересами других общественно-политических сил. В этом варианте Россия просто будет страной, в которой во главе государства стоит президент, выходец из спецслужб. Такое не раз бывало и в других, вполне демократических странах мира. Для России, где нет демократических традиций и не оформились институты гражданского общества, это будет тяжелым испытанием. Самомнение президента и его миропонимание будут негативно сказываться на жизни общества, но только в той мере, в какой ему удастся достичь своих целей, не разрушая радикально баланса интересов, сложившегося в обществе. В данных обстоятельствах это был бы лучший вариант.

Вариант 2.

Господин Путин и его пока во многом невидимая полуслепая амбициозная и в значительной части невежественная армия не сдадут экзамен на роль публичных политиков в существующем конституционном поле. Они будут и дальше настаивать, что философия спецслужб должна определять не только внутреннюю и внешнюю политику, но и частную жизнь всех российских граждан. В конечном счете, это будет означать диктатуру, раскол российского общества и конфликт с мировым сообществом. Следствием будет либо уход со сцены спецслужб вместе с господином Путиным (что маловероятно, но не исключено), либо государственный переворот и превращение России в откровенно полицейское государство со всеми вытекающими последствиями.

Вот одна деталь контекста, на фоне которого происходит критический разворот событий. В московском метро в июне пассажиры могли видеть повсюду расклеенные листки такого содержания:

«Третье тысячелетие без призывного рабства. Подпишись за профессиональную армию. Откажись от военной службы по убеждениям — это твое право!» Дальше указан телефон и сайт www.ara.ru

На одном из листков кто-то написал красными чернилами из угла в угол: «Подонки!».

Это под землей. А на поверхности по всей России слышен вой матерей, встречающих «груз 200» с телами своих детей, убитых в Чечне под невнятные объяснения генералов.

Природа «двойного стандарта»

29 июня с. г. Владимир Путин, комментируя отношение россиян к деятельности прокуратуры, упрекнул их в «двойном стандарте». Жители России, с одной стороны, за законность. А с другой, они возмущаются: мол, как это какой-то там следователь посмел выписать ордер на арест. Путин высказал мнение, что этот «двойной стандарт» будет существовать до тех пор, пока прокуратура не будет жестко следовать во всем букве закона. Под «буквой закона» он, если судить по контексту, имел в виду букву Уголовно-процессуального Кодекса РСФСР, который действует до сих пор и, вопреки российской Конституции, разрешает арестовывать людей без санкции суда.

Но возможно и другое объяснение. Николай Робертович Эрдман, автор всемирно известной пьесы «Самоубийца» и почти неизвестных за пределами России сценариев к фильмам «Волга-Волга» и «Веселые ребята», когда-то написал популярное четверостишие с характерным акцентом:

Однажды КГБ пришло к Эзопу

И взяло старика за ж...

Из басни вывод ясен:

Не надо басен..

«Двойной стандарт» исчезнет не тогда, когда прокуратура будет более твердо демонстрировать то, что в цивилизованном мире считается произволом. Он исчезнет, когда ситуация, описанная Эрдманом, перейдет из разряда безнадежно правдоподобных в надежно неправдоподобную. Когда российская власть навсегда расстанется с философией тоталитаризма. *Для России это остается будущим, которое при приближении удаляется.*

ВЛАСТЬ ТЕНИ

В войне реализуются интересы спецслужб

«Новое Время», 3 октября 2004 г., стр. 20

Одна из целей чеченской войны — укрепление власти корпоративного сообщества, созданного спецслужбами в годы советского режима. Это сообщество скреплено теневыми связями, отработанными системой инкорпорирования, либо непосредственно в органы КГБ и МВД, либо в секретные сотрудники вне органов (включая доносчиков, информаторов, стукачей) на всех социальных и управленческих уровнях общественной системы. Оно функционирует как «надпартийная партия», для которой внешнее политическое пространство и государственные институты есть только прикрытие для реальной теневой деятельности и теневых механизмов принятия решений.

Корпорация владеет или распоряжается теневыми и легальными ресурсами, составляющими большую часть функционирующих финансовых (экономика), организационных (легальный менеджмент) и идеологических (СМИ, СМК) ресурсов страны. Она пользуется интеллектуальным прикрытием, обеспечиваемым «новой политологической элитой». Деятельность осуществляется под прикрытием деклараций о приверженности правам и свободам, гарантированным действующей конституцией, с использованием опыта и технологий, оставленных в наследство бывшими и действующими тоталитарными режимами (не только сталинского типа). Частью этой цели (но только частью) является война за теневые источники доходов. Для дальнейшего укрепления и активизации системы такого рода власти нужна концепция врага, как эффективное средство внутриполитической стабилизации и мобилизации массового общественного сознания. С врагом «классовым» перспектив нет. А с врагом в лице террористов — перспективы колоссальные, включая поддержку «прогрессивного человечества», в том числе (до поры до времени) государственных структур развитых стран Европы, Азии, США.

Эти перспективы последовательно, шаг за шагом, превращаются в реальность. Маловероятно, что нынешняя ситуация развернется как «кризис власти». Более вероятно, что в ближайшем будущем, объясняя свои экономические, политические и военные неудачи происками тайных и явных врагов России, власть сбросит мешающие ей ограничения на свою деятельность, разумеется, пользуясь поддержкой «подавляющего большинства населения». Это вызовет новый поток беженцев из России. В течение минимум 15 лет (без Интернета срок был бы минимум 50 лет) в стране не будет реальной несырьевой экономики, пока лидеры «новых русских спецслужб» не придут к мысли, что созданный ими режим неэффективно поддерживает их же собственное финансовое благополучие. Тогда они начнут реформы того, что сами сделали, и страна начнет медленно становиться гражданским обществом. Но это очень долгая история.

Философия, стратегия и практическая политика КГБ в современной России

30 августа 2005 г.

По материалам одноименного доклада, сделанного автором 2 июня 2005 г. в Музее и Общественном центре «Мир, прогресс и права человека» имени Андрея Сахарова

Содержание

Выход на Лубянку 37
Дом родной 37
Легенды и реальность 38
Истоки экономики спецслужб:
     теневая экономика власти в СССР 40
«Старые советские» и «новые русские» 41
Экономика спецслужб и «новые советские» ... 44
Шизофреничность? —
     Нет, политико-идеологический спецназ 45
Коррупция? — Нет, рынок по-российски 47
Стукачи и антиинформационное
     общество при коммунистах 48
Истоки «партии Андропова» 49
«Партия Андропова» и КПСС 54
«Партия Андропова» и Горбачев 55
«Партия Путина» или сексоты —
     спасители Отечества 57

Наши	59
Политический и экономический криминал под защитой Закона	60
Партия жизни	63
Новая элита «Наших»	65
Доказательства	69
Я и ты	69
Политическая философия традиционной диктатуры	74
Политический театр	75
Новая концепция врага	80
Ферма терроризма	81
Вражеские теневые центры	83
Почему диктатура?	84
Национализация имени Андрея Сахарова	90
Социальная фильтрация при коммунистах	93
Социальная фильтрация при Путине	94
Путинская бюрократия и информация	95
Антиинформационное общество при Путине	97
Победа Путина. Заря долгожданного дня	100
Эйфория	102
Революций не будет	103
Что грозит режиму	105
Спецмораль	108
Маховик кризиса	111
Сценарии развития ситуации	113
Что придет на смену?	115
Общемировой контекст	117
Эпилог	121
Приложение. Как появился этот текст	124

Выход на Лубянку

Моя добрая знакомая, редактор журнала «Знание-Сила», возвращалась в первом часу ночи домой с работы. На станции метро «Лубянка» в пустом туннеле перехода видит сценку. Двое бомжей у стены. Выпивших. Один сидит, обхватил голову руками. Другой еще стоит, цепляется за стену. Глаза блуждают. Взгляд упирается в указатель. Читает вслух по складам: вы-ход на Лу-бян-ку... Тот, что сидел, встрепенулся, вскинул голову и пролепетал: Ни х.. себе, выход!

Я согласен с бомжом. Господин Путин — нет.

Дом родной

После Ельцинских «загогулин» Россия очнулась на Лубянке. Теперь она подразделение ФСБ. Со всем населением, государственными институтами, экономикой, СМИ. Почти вся. Осталось «чуть-чуть», которое «по-русски не считается». Опыт Гитлера по селекции фенотипов был пресечен Нюренбергским процессом и покаянием Германии. Над Сталинским опытом селекции сознания суд не состоялся. Его опыт, развитый в КГБ, стал практикой управления в новом государстве на развалинах Ельцинской послеперестроечной России. Хотим мы или нет, в России правит криминальная диктатура спецслужб под руководством законно избранного президента страны Путина. Ее признаки:

1. Контроль над всеми формами политической и экономической активности населения.

2. Вместо Федерального Собрания и Государственной Думы полностью управляемые политические муляжи.

3. Однопартийная система с фиктивными партиями, призванными имитировать многопартийность.

4. Назначенные губернаторы в роли бывших секретарей обкомов, подчиненные центру.

5. Борьба с терроризмом как средство мобилизации и запугивания общественного сознания.

6. Муляж рыночной экономики в виде легализованной теневой экономики СССР.

7. Бизнес под крышей спецслужб, равнозначных государству.

8. Православие на месте отдела идеологии ЦК КПСС.

В середине двадцатых Сталин выиграл борьбу за власть, получив контроль над техническими секретарскими функциями в аппарате. Все считали их второстепенными. Оппоненты Сталина предпочитали споры о путях России, экономике, юриспруденции. Сталин не участвовал. Незаметно делал то, что позволило методично уничтожить оппонентов. Тем же путем пошел Путин. Та же политическая философия.

Что не удалось Крючкову в августе 1991-го, Путин сделал в 1999-м и 2000-м. Сейчас в стране новый государственный строй.

Конституция не мешает. Но все готово для ее изменения. Остальное техника: детали этапов, выбор времени, идеологическое прикрытие.

Все зашло настолько далеко, что теперь интерес представляет лишь более отчетливое понимание происходящего, его причины и возможные варианты развития ситуации.

Легенды и реальность

В апрельском послании (2005 года) Федеральному Собранию Путин обозначил главные направления развития страны:

1. Развитие России как свободного демократического государства.

2. Укрепление закона и развитие политической системы.

3. Развитие личности и гражданского общества в целом.

Это легенда прикрытия. Лет через десять-пятнадцать

(может, раньше) суд над Ходорковским и Лебедевым станет сюжетом фильма о методах нынешнего режима. Кадры с госпожой Вишняковой, господами Устиновым, Дмитрием Шохиным, Колесниковым будут компоноваться с кадрами, где сталинский подручный Вышинский выступает обвинителем на показательных процессах 1930-х. Но это чуть позже. А пока суд над Ходорковским есть забота об укреплении законодательства, судебной системы и бизнеса.

Сделка по продаже «Юганскнефтегаза» со всеми ее деталями — это, по легенде, этап в создании благоприятного инвестиционного климата в России.

Процессы над Пасько, Никитиным, Сутягиным, Даниловым возрождают практику использования секретности для подавления активности ученых, политиков, общественных деятелей. По легенде эти процессы демонстрируют приверженность государства свободе и демократии.

Согласно легенде, происходящее в Чечне это «мирные созидательные процессы». Кроме армейской авиации и бронетанковой техники в них используется артиллерия всех калибров и оперативно-тактические ракеты. Яркий пример развития политической системы в условиях демократии.

Информация о суде над капитаном Ульманом и его группой обошла весь мир. В Чечне был обстрелян УАЗ. Когда выяснилось, что в нем мирные жители, Ульман получил приказ «сделать из свидетелей «груз 200»». Людей расстреляли, машину подорвали на фугасе и подожгли. Суд оправдал убийц, сославшись на то, что убийство санкционировал вышестоящий начальник. По легенде Путина это необходимый этап на пути развития личности и гражданского общества, свидетельство укрепления российского законодательства и беспристрастности судебной системы. Примеров тьма. Несовместимость легенд и реальности лишь поверхность событий. За ними стоят более глубокие причины.

Истоки экономики спецслужб: теневая экономика власти в СССР

В СССР действовала теневая система экономических обменов властными полномочиями. В нее были вовлечены чиновники Госплана, Совмина, ЦК КПСС. «Крышей» была власть. Валютой служили властные распорядительные ресурсы.

Вот простейший пример, я лично видел это в Госплане СССР в 1974 году. По плану выделены ресурсы на строительство 20 заводов железобетонных конструкций. Вместо 20 решено построить 15. Причина входит в теневой экономический сценарий. Кому достанется? Кто больше заплатит. Чем? Заводами, угодьями, коттеджами. Один вид распорядительной власти обменивается на другой вид распорядительной власти или потребительские товары по личной договоренности. Оформление дело техники.

Теневая экономическая практика пронизывала всю «плановую» экономику. И отчасти спасала ее, потому что компенсировала общественный идиотизм ленинско-сталинской экономической философии планового хозяйства. В конце 1970-х объем теневых обменов составлял не менее 40% от всех материальных и денежных ресурсов, обращавшихся в стране. Эта цифра называлась в качестве заслуживающей доверия в коллективе экономистов, где я работал в конце 1970-х. Его возглавлял академик Станислав Шаталин, позже, во времена перестройки, советник Горбачева по экономике. Многие политики времени перестройки обязаны ему выходом на ключевые позиции в государстве.

Объем теневой экономики в СССР часто оценивается в 2–7%. Это не отражает полный объем теневой экономики власти.

Гайдаровская приватизация помимо экономической решала политические задачи, которые были приоритетными. Нужно было предотвратить реставрацию режима и воспрепятствовать появлению олигархической диктатуры на базе механизмов советской теневой экономики.

Гайдар сделал теневиков собственниками и, преодолевая сопротивление Ельцина, предпринял энергичные меры, чтобы заставить их жить по законам рынка. Кроме того, часть собственности ему удалось передать тем, кто не был связан с советским партгосаппаратом старой закалки. Эти меры спасли страну от немедленной реставрации советских порядков и предотвратили появление олигархической диктатуры.

На постсоветском пространстве так было не везде. В Туркмении и Узбекистане теневая экономика при советах фактически была легальной. Как только эти республики вышли из Союза, там не стали заниматься приватизацией. Собственность поделили ведущие партийные игроки, которые моментально установили олигархические режимы.

В России процесс затянулся, но силовики поправили дело. На Лубянке Россию вернули к советской теневой экономике. И теперь Путин очень дружит с Каримовым.

«Старые советские» и «новые русские»

В начале 1990-х бывшие партийные и советские чиновники, директора предприятий, представители КГБ, региональные партийные и советские деятели стали собственниками. В их руках оказалась большая часть государственной собственности, включая, вероятно, якобы исчезнувшие нефтяные деньги КПСС. К ним присоединились их дети, родственники, друзья (в том числе криминальные). Они заявили себя в мире в качестве «новых русских». Теперь они не могут простить Гайдару, что за правом на собственность должны были пойти именно к нему.

Как и предполагалось, бывшие аппаратчики и их друзья мгновенно переключились с коммунистических идеалов на отмывание денег, мерседесы, джипы, роллс-ройсы, виллы на Канарах, яхты на Гавайях, коттеджи на Рублевке, элитное жилье и прочие прелести. Погруженные в эти заботы, они на время забыли о преимуществах жизни в стране, управляемой с помощью «коммунистических идеалов» и сталинских механизмов государственного идеологического воздействия.

Но безоблачное счастье кончилось. Во второй половине девяностых им пришлось вспомнить о прошлом. Вспомнить, и материально поддержать возврат к типу власти, которая гарантировала стабильность и успех. Причин минимум три.

Первая. Бешеные амбиции и жажда денег как основы личной власти. Весь мир знает, что такое новый русский в золотых цепях на шестисотом мерседесе.

Вторая. Экономическое и деловое невежество. Сотни миллионов долларов стали уходить сквозь пальцы. Стало понятно, что деньгами мало владеть. Деньги должны работать. Надо заниматься экономикой. С советских времен для этих людей самыми доходными и хорошо освоенными экономическими схемами работы денег были взятки, воровство и криминал.

Третья. Так называемые «олигархи». Комсомольцы 1980-х, не увязшие мозгами в тоталитарном менеджменте. Благодаря личной экономической и политической предприимчивости они получили активы через кооперативы, центры НТТМ, из рук Гайдара, Чубайса, Гавриила Попова, Ельцина. Овладев методами эффективного управления капиталами, они стали наращивать бизнес. Черномырдина нечасто называют олигархом. Но никто не укладывает его лицом вниз. В русском языке «олигарх» не только деньги. Это тип достижения экономического успеха.

Новые русские быстро сообразили, какого врага они имеют в лице «олигархов». Их дыхание себе в спину они ощутили даже там, где первоначально активы перешли почти исключительно в руки бывших советских. Нефтегазовый бизнес, металлургия, строительство, торговля. От поражения в конкурентной борьбе их не спасали даже позиции в системе власти, которые были сохранены, усилены либо повторно завоеваны.

«Иных уж нет, а те далече» недавно сказал Путин вслед за Пушкиным. «Те» это Гусинский, Березовский, Невзлин.

Для старых советских, принявших вид новых русских, «олигарх» Ходорковский был (и остается) более опасным, чем эти «иностранцы». Потому что объявил, что не убежит. Потому что после «дикой» приватизации не стал своим, а сделал ставку на реальную рыночную экономику и внятные правила игры. Он понял, что происходит в стране с капиталами, поставил точный диагноз власти и попал в клетку путинского правосудия. Остальное — театр и идеологические упражнения кремлевских спецполиттехнологов и спецжурналистов по созданию легенд прикрытия.

Под угрозой потери влияния и капиталов наследники советской теневой экономики вспомнили, как удобно было поддерживать благополучие при коммунистах. Когда после парилки под коньячок, пивко и спецуслуги любая, даже самая чудовищная, метафизика во властных головах легко превращалась в «контрольные цифры» и «решения съезда». Когда не имело никакого значения, как это соотносится с жизнью населения. Была песенка на мотив советского шлягера. В семидесятых-восьмидесятых ее охотно распевали те, чью жизнь она описывает абсолютно точно:

А что я ем? Парную осетрину. Простую русскую еду.

Простую русскую еду, ее ловлю в своем пруду.

А что я пью? Я пью обычно простой коньяк «Наполеон».

Простой коньяк «Наполеон», Жискар д'Эстен прислал вагон.

А с кем дружу? Дружу с Серегой. Советским маршалом простым.

Советским маршалом простым, он за меня в огонь и в дым.

А с кем я сплю? Я сплю с девчонкой. Простой девчонкой из ЦК.

Простой девчонкой из ЦК, ведь у меня там есть рука.

И так далее.

То был рай для влиятельных любителей порассуждать об эффективности сталинской системы управления во время войны. О фильмах «Семнадцать мгновений весны» и «Щит и меч». О том, что «Боялись, но уважали. А теперь что?». О православии, самодержавии, народности. О падении нравов. О том, какая сука эта Галина Старовойтова и как правы были китайцы, сохранив аппарат коммунистической власти. О ракетах, космосе, особой миссии России в мире и подонках вроде Сергея Ковалева и иже с ним, которые мешают эту миссию осуществить.

Экономика спецслужб и «новые советские»

Путин восстановил политико-экономический рай, который «старые советские» имели в СССР. Восстановил и модернизировал. Вернувшиеся в него в облике «новых русских» «старые советские» стали снова хозяевами положения, «новыми советскими».

Условие делиться со спецслужбами им понятно. Правильная жизнь, сами такие.

Легенды о демократии и приверженности рыночной экономике их не смущают. Они и раньше прекрасно понимали функцию идеологического прикрытия, умели различать, где легенды, а где реальность, где техника власти, а где ее суть.

Игры «два пишем три в уме» или «я говорю, ты угадай», им родные с детства. Они в них как рыбы в воде. Это в тысячу раз привычнее и комфортнее, чем свободный рынок и жесткая конкуренция.

Клетка с Ходорковским и Лебедевым копирует ту, в которой русские цари доставляли преступников к месту публичного четвертования на Красной площади. Для окружающего мира это варварство. «Новые советские» другого мнения. Это знак, что на Путина можно положиться. Он «наш». Наряду с ценами на нефть это главный экономический фактор устойчивости режима спецслужб.

Иноземная практика изучать и учитывать интересы клиентов не для России. Бизнесу по-русски это не нужно. Население и так покупает просроченные продукты, гнилую рыбу, бумажные отходы под видом колбасы, разбавленную косметику и моющие средства западных фирм, подделки под известные бренды. Люди травятся фальшивыми лекарствами и «кремлевскими таблетками». А когда, как пел Галич, «кричат от отчаяния, от обиды, от боли, от голода», делают это в сторонке. Подальше от мест, где снимаются телерепортажи с правильно сбалансированным видеорядом.

Экономика Путина это экономика обратной стороны Луны, полностью закрытой для посторонних глаз. Там хозяйничает избранный круг «наших». Они делят активы и делают реальную политику. Спецпрагматичность этих деятелей их самих приводит в восторг. Чтобы население понимало, как ему надлежит восторгаться, на стороне Луны, обращенной к людям, всегда размещено лицо Путина и его легенды, легенды, легенды...

Можно называть это «государственным капитализмом». Почему нет? Но наверняка существует более подходящее имя. Найти его, — вреда для российской науки, уверен, не будет. Только польза. Тут, в общем, довольно банальный и частый в России случай, когда по проблеме дефиниций лучше советоваться не с академиками, а с бомжами. Их ненаучный русский язык в таких случаях бывает более точен, чем ученые пролегомены тех, кто, пусть не сердцем, но умом уже на Лубянке.

Шизофреничность? — Нет, политико-идеологический спецназ

Не так давно с подачи Бжезинского в западной печати к политике Путина приклеили эпитет «шизофреничная». Российские официальные комментаторы очень обиделись. Их можно понять. Никакая это не политическая шизофрения. Это знакомый до боли политико-идеологический спецназ.

Действия власти противоречит Конституции? Но в России, перефразируя одесскую поговорку, «кто Конституцию гарантирует, тот ее и танцует». Право первой ночи в интерпретации Конституции здесь всегда принадлежало и принадлежит ее главному гаранту. Эта интерпретация всегда удивительным образом совпадает с мнением высших судебных инстанций. Как делается этот фокус, в России знает каждый ребенок. Дело техники, причем весьма нехитрой. Так было при коммунистах. Путин ничуть не хуже.

Легенды не сходятся с реальностью? — И не должны. — Они работают? Работают. — Дают результаты? — Да. — Вот и хорошо. И все при деле. Четкий здравый смысл. И никакой раздвоенности — ни личности, ни государства.

Коммунистическая лексика — очевидный идеологический хлам. Ни на что не годный. Зюганов в роли «оппозиционера» полезен. Он расширяет политическую палитру, создает дополнительные возможности идеологического маневра. Пенсионеры довольны возвратом советского гимна. Автор новой редакции тот же, что и всех предыдущих, детский поэт, Сергей Михалков. Он счастлив, как и его многочисленное семейство. Пока такие люди «делают культуру», власть может быть спокойна: искусство принадлежать народу при любой модификации режима будет на высоте.

Номинальный и политический труп вождя в Мавзолее никому не мешает.

Специалисты по геральдике смело соединяют двуглавого орла и святого Георгия с крылатыми ракетами и истребителями-бомбардировщиками.

Во главе государства смелый человек: летает на истребителях, плавает на подлодках, запуски ракет смотрит. Восстанавливает армию. Дает понять иностранцам, что пора снова нас уважать. А то покажем, где раки зимуют.

Проводятся совместные учения с НАТО. Путин дружит домами с Бушем младшим и Шредером. Спецслужбы сотрудничают с ЦРУ и БНД.

Начальники все поголовно набожны перед телекамерами. Следят, достаточно ли православны их подчиненные.

Спорт важнейшая составляющая национального духа. К нему особое внимание.

Там, где у Сталина было снижение цен, у Путина личная забота о повышении пенсий и развитии здравоохранения. Размеры повышений пока не очень привлекательны для самих пенсионеров, тем не менее факт есть факт.

А чтобы у людей не пропадало ощущение, что без спецслужб жизнь погибнет, телеканалы соревнуются в показе реальных убийств, насилия, зверств, и театрализованных представлений, где спецназ разучивает приемы боевых единоборств и разбивает кирпичи об головы сослуживцев.

Жители слушают, смотрят и радуются. За демократическим кремлевским столиком «сам» разговаривает с министрами. В кадре ничего лишнего. Хозяин. Держится скромно. Взгляд внимательный. Строгий. Все видит. Все понимает. Работает. Имиджмейкеры не спят. Шутка ли: отсюда, из Кремля, жители ежедневно узнают, как они в ближайшее время будут жить еще лучше. Прямо по анекдоту конца семидесятых:

— *Как живете, товарищи рабочие?* — *спросил Леонид Ильич.*

— *Хорошо живем,* — *пошутил пожилой рабочий.*

— *Будете жить еще лучше,* — *шуткой на шутку*

    ответил Леонид Ильич.

Но главное: передел собственности состоялся, и власть экономически укреплена. Спецслужбы стали надежной крышей «новых советских», которые под прикрытием свободного рынка легально работают по экономическим законам советской теневой экономики. Уже без конкурентов.

Коррупция? — Нет, рынок по-российски

В государстве Путина борьба с коррупцией, все эти «оборотни в погонах» такая же легенда, как забота о развитии гражданского общества. Но даже если допустить невероятное, что Путин решил действительно бороться с коррупцией, это ни к чему не приведет. Не потому, что коррупция сильна. А потому, что при Путине коррупции нет по определению. Не с кем бороться.

Само слово «коррупция» применительно к режиму Путина недоразумение. То, что иностранцы называют коррупцией, это практическая экономика, где распределительным полномочиям чиновников лично Путин вернул роль спецвалюты в теневых обменах товарами и услугами.

Действует режим наибольшего благоприятствования для тех, кто знает как жить по новой редакции старой советской схемы: слова должны быть правильными «для других», а действия «для своих». Слова это создание товаров и услуг для населения. А дела это схемы отвода денег из бюджета и теневые обмены.

Спецслужбы работают четко. Форму соблюдают. Эффективность демонстрируют. Тех, кто зарывается, поправляют. Тех, кто упорствует или просто глуп, скармливают общественному мнению как «оборотней в погонах», устраняют, как не оправдавших доверия.

Как и при советах, гарант экономического успеха только государство, теперь в облике Лубянки. Оно диктует спрос. Оно оценивает эффективность. Оно «черный кот» из песенки Окуджавы. «Коллективный Сталин», который «не требует, не просит, желтый глаз его горит», притом что «каждый сам ему выносит и спасибо говорит».

Стукачи и антиинформационное общество при коммунистах

Юрий Щекочихин в книге «Рабы ГБ» (Ю. П. Щекочихин. Рабы ГБ. XX век. Религия предательства) собрал многочисленные свидетельства о работе системы стукачей. Их авторы — сексоты и штатные сотрудники КГБ. В СССР громадная армия стукачей никогда не давала достоверной информации о взглядах и мнениях населения страны. Как агентурная сеть для борьбы с бандитизмом она тоже никуда не годилась.

Высшее руководство СССР никогда не подвергало сомнению необходимость чудовищной по численности армии сексотов.

Это не удивительно. В советской системе царила идеология, а не информация. Это было антиинформационное общество. Достоверная информация была опасна. Она противодействовала идеологическим мифам. Она дестабилизировала аппарат, мешала выдавать фикции за решение экономических и общественных проблем. Информация оценивалась исключительно по тому, насколько она поддерживает идеологию. Можно ее превратить во внутриаппаратную валюту, или нет. Если да, ею пользовались. Если нет, ее уничтожали.

Система стукачей сеяла страх и была источником компромата. В обществе она поддерживала высокий уровень подозрительности, так людьми легче управлять. Ее информационная функция была на последнем месте. Да, говорили, что КГБ это лучший в СССР институт социологии. На закрытых совещаниях, в элитных парилках. Но никто никогда не принимал во внимание достоверность и объективность информации как отправную точку в принятии государственных решений. Это было абсолютно противопоказано советской системе власти.

Если уж без достоверной информации не обойтись, создавали секретную шарашку, охраняемую зону. Там работали с достоверной информацией, под бдительным оком КГБ.

Истоки «партии Андропова»

В книге Щекочихина детально описана техника вербовки сексотов и принципы работы с ними. Приводимые им свидетельства наталкивают на мысль, что когда в 1967 году Андропов пришел к власти в КГБ, он оценил возможности армии сексотов совсем по-другому, чем его предшественники.

В десятках миллионов сексотов Андропов увидел прежде всего мощный социальный, организационный и политический потенциал. Под руководством КГБ он мог стать со временем социальной базой для создания управляемых общественно-политических элит, а в перспективе организационным ядром и активом политической партии нового типа.

Задачи политического сыска и борьбы с бандитизмом были удобным прикрытием для легального формирования этого потенциала, придания ему нужных социальных и организационных свойств.

Андропов учел опыт Берии и тактически правильно сделал первые шаги. Он успел создать интеллектуальный актив «партии Андропова» в своем ведомстве. Но завершить дело и реформировать советскую систему по плану, созданному им с опорой на КГБ, не смог. Помешала смерть.

«Реформаторские» идеи с клеймом «сделано в КГБ» означали сохранение в стране тоталитарной системы управления общественными процессами и экономикой при освобождении от марксистской фразеологии, увеличении привилегий для чиновников и плавной замене КПСС на «партию Андропова».

К началу 1990-го для наследников Андропова, стремившихся получить ведущие позиции в государстве, наступил критический момент. Общественные процессы развивались столь быстро, что идеи интеллектуалов от КГБ быстро превращались в политический хлам, так и не сделавшись политической реальностью. С ними рушились надежды на власть у КГБ и формировавшейся в его недрах «новой элиты». Здесь истоки путча в августе 1991-го. Крючков приложил все силы, чтобы КГБ захватило ключевые позиции в новой России и повело страну по пути, который для Советского Союза готовил Андропов. Ему это не удалось. Десять лет спустя это сделал Путин.

Гипотеза о наличии «партии Андропова» согласуется с

тем, что публично говорили об интеллектуальном потенциале КГБ Федор Бурлацкий и Александр Бовин, работавшие с Юрием Андроповым. Косвенно это подтверждается моим личным опытом общения с представителями КГБ в довольно неординарной ситуации. В конце 1982 года, когда Андропов пришел к власти, я обратился к нему с письмом такого содержания (С. В. Чесноков «Мне интересен человек как человек...». Социологический журнал, 2001, №2, стр. 63—122):

Уважаемый Юрий Владимирович!

Освободите Сахарова. Я хотел бы, чтобы этот мой призыв к Вам рассматривался точно в контексте сказанного ниже.

После двадцатого съезда в стране многое изменилось.

Но совершенно не изменилась идеология, которая как была, так и остается сталинской. Дело даже не в политическом содержании идеологических позиций и концепций.... Дело в том, что каналы и характер взаимоотношения между политическими целями и установками — с одной стороны, и фактами жизни и устремлениями людей, составляющих подавляющее большинство во всех практически социальных группах нашей страны, — с другой, остались такими, какими их сформировал Сталин. Во всех государствах и во все времена существовала теория и практика оправдания и инструментального использования лжи во имя достижения политических целей. Но Сталину здесь принадлежат особые заслуги, и Вы о них хорошо знаете. Созданная им школа использования идеологии как инструмента управленческой и политической деятельности опирается на осознанное и возведенное в принцип игнорирование и подавление всяких проявлений личности отдельного человека в той мере, в какой эти проявления не встраиваются в извне заданные политические интересы.

Господство этой школы в идеологии отразилось на всех без исключения сферах государственной деятельности. Благодаря этому политическая стабилизация достигалась и достигается ценой разрушения и деградации института личности отдельного человека в государстве. Как следствие — упадок литературы, искусства, образования, катастрофическое обеднение обыденной жизнедеятельности людей, вытеснение из общественного сознания более или менее орга-

ничных и глубоких форм социального мышления, укрепление норм поведения, оправдывающих и стимулирующих социальный инфантилизм, пьянство и преступность. В плане глобальном это ведет к деформации и нарушению сложных и тонких функций языка как инструмента формирования социальной общности людей. Последствия этих нарушений могут оказаться для общества едва ли менее ужасными, чем последствия бездумного разрушения экологической среды. Они имеют весьма долгосрочный характер и затронут жизнь не одного поколения после нас.

Сахаров... — первый, кто перевел это осознание в план повседневной, обыденной жизни и тем самым придал этим проблемам высоко моральное звучание. Есть единственный человек, с которым он сопоставим в этом отношении — это Альберт Эйнштейн, а мужество, с которым Сахаров следует своим убеждениям, делает его совершенно исключительным в глазах всех, кто в наше сложное время сохраняет уважение к высокой духовности и благородной независимости, проявляемой лучшими представителями рода человеческого.

Вы намерены, как Вы определенно заявили, выводить страну из экономического застоя. В нынешней ситуации есть соблазн связывать положение в экономике в первую очередь с развитостью инфраструктуры, характером основных производственных фондов, структурой системы управления и хозяйственного механизма, а также с упадком производственной и государственной дисциплины. Но без решения проблем, о которых говорит своей жизнью академик Сахаров, долгосрочные социально и политически устойчивые решения экономических проблем невозможны. Освободите Сахарова. Я уверен, у Вас имеются возможности для политически корректного оформления этого шага. Освободите этого человека. Переведите проблемы, о которых он говорит, из сферы шантажа и политической спекуляции в сферу серьезной государственной деятельности.

Сергей Чесноков, 27 декабря 1982 года, телефон, адрес.

Я тогда работал пожарным в Театре на Таганке у Юрия Любимова. Выдавал актерам театра ключи от гримерок, шли репетиции «Бориса Годунова». Вскоре мне передали, что звонил из ЦК некто Лабусов Виктор Иванович и просил перезвонить ему, оставил телефон. Я позвонил из театра. Лабусов сказал мне следующее (точные слова, я записал их): «Ваше письмо передано тем, кто рассматривает этот вопрос. Вопрос сложный. О решении вам сообщат». Тон этой фразы разительно не соответствовал разнузданной кампании по очернению Сахарова, которая официально велась в прессе. Дальше последовала фраза, которая меня поразила «Спокойно работайте на благо отечества». Ни больше ни меньше.

Через полтора месяца мне передали просьбу опять позвонить в ЦК по телефону 206–37–90. Я позвонил — снова из пожарки театра. Человек, представившийся Дмитрием Ивановичем Пискуновым, сотрудником отдела науки, сказал мне следующее: «Ваше письмо дошло до адресата. Мне поручено встретиться с вами с целью взаимного уточнения и прояснения позиций». Я спросил, будет ли еще кто-нибудь при разговоре кроме него. Он сказал: «Да, будет сотрудник параллельного отдела».

Разговор состоялся в приемной ЦК на Старой площади. «Сотрудник параллельного отдела», Юрий Иванович Зарецкий, представился как сотрудник отдела науки. Из чего я сделал вывод, что это сотрудник КГБ, «спланировавший» в ЦК после прихода Андропова к власти. Я подробно объяснил им, почему думаю так, как написано в письме. Когда они выяснили, что за мной никто не стоит, кроме меня самого, они потеряли ко мне интерес. Их вердикт был: «Ваши взгляды нам не подходят». Был март 1983 года. Днем на улицах Москвы ловили и арестовывали тех, кто должен был в это время быть на работе — шла кампания за «повышение уровня дисциплины».

Четыре года спустя я выступил на социологическом съезде с идеей создать Государственный мониторинг — инструмент, обеспечивающий обратную связь власти с населением. Академик Татьяна Ивановна Заславская представила меня чиновнику из ЦК, который сидел с ней в президиуме, и сказала, что он хотел бы услышать мои соображения по этому поводу. Я пришел в ЦК, в отдел науки. Был пустой разговор. Чиновнику было на все наплевать. Вышел от него и подумал:

нет ли здесь Зарецкого? Иду по коридору, вижу табличка «Юрий Иванович Зарецкий». Захожу, спрашиваю: Можно? — Пожалуйста. — Вы меня узнали? — Как же вас не узнать? Как живете? — Нормально, говорю, все хорошо. Прошло несколько лет, но он сильно постарел. — Юрий Иванович, помните, вы мне сказали, что мои взгляды вам не подходят? Он привстал, усталый человек, и сказал (дословно): «Знаете, сейчас так все быстро меняется... Не уследишь».

«Партия Андропова» и КПСС

К концу восьмидесятых «партия Андропова» по численности превосходила КПСС. В ее составе, по оценке Юрия Щекочихина, было не менее 26 миллионов человек против 20 миллионов в КПСС. Усиленная несколькими поколениями выпускников сети специализированных учебных заведений КГБ, «партия» стала прообразом современных «наших». В ее составе были представители всех социальных, профессиональных, демографических групп населения, всех уровней образования и родов занятий, всех общественно-политических взглядов, всех общественно-политических и культурных институтов государства.

Планирование численности и состава «партии» осуществляла, по-видимому, ограниченная группа центрального аппарата КГБ. Она решала вопросы формирования элитного кадрового потенциала, санкционировала продвижение в государственные структуры. Среди посвященных в суть проекта наверняка был Крючков и, возможно, кто-то из сотрудников современного ФСБ.

Практическая работа с потенциалом «партии» велась штатными сотрудниками КГБ на местах. Их численность составляла (за вычетом пограничников и внешней разведки) минимум 200 тысяч человек. По другим оценкам эта численность была больше миллиона. Численность штатных (их называли «освобожденными») работников КПСС была значительно скромнее и составляла не более 100 тысяч. (Дмитрий Мишин, Магия трех букв, Русский Журнал/ Политика/ События. 12.03.2004. В. П. Мохов. Советская номенклатура как политический институт).

«Партия Андропова» и Горбачев

Андропов учел ошибки, приведшие Берию к расстрелу. Он сформировал стратегию использования «партии стукачей» в делах государства. Но завершить дело не успел. Его преемникам Чебрикову и Крючкову сделать это помешал Горбачев.

Наблюдая в 1980-е годы за действиями Горбачева и его оппонентов в руководстве КПСС, я был уверен, что Горбачев в первые годы перестройки активно воспользовался потенциалом КГБ при демонтаже советской системы. В особенности это касалось армии. Власть КПСС обладала гигантским запасом прочности. Я не верю, что она могла пасть только под ударами диссидентов, экономических проблем и интриг внутри аппарата. Нужен был сильный властный ресурс на местах. Я не вижу другого варианта такого ресурса кроме «партии Андропова».

Если его не принимать во внимание, все рассуждения аналитиков, что Горбачеву к началу девяностого года удалось отстранить КПСС от власти потому, что советская система «изжила себя» и «развалилась под грузом экономических проблем из-за своей неэффективности», остаются для меня разновидностью святочного рассказа.

Одновременно Горбачев должен был предпринять доступные ему на тот момент шаги по нейтрализации «партии Андропова», как источника потенциальной опасности и препятствия на пути создания гражданского общества. Это вместе с неудовлетворенными амбициями руководства КГБ было одной из причин того, что отношения Горбачева и КГБ к 1990 году обострились и в августе 1991 привели к путчу.

Когда осенью 1990-го года войска пришли под Москву

«копать картошку», стало ясно, что руководство КГБ не просто перестало поддерживать Горбачева, но перешло к открытой конфронтации с ним. После заявления Шеварднадзе 20 декабря 1990 года об отставке в связи с наступлением военной диктатуры и последовавшей вскоре Вильнюсской трагедии 13 января 1991 г., Горбачев вынужден был действовать абсолютно в одиночку. От него отвернулись все.

Оставшись единственным гарантом предотвращения большой крови и реставрации советского режима, он 14 января назначил премьером второстепенного советского функционера Павлова. Этим он вызвал разброд в альянсе КГБ с армией и выиграл две недели.

31 января, назначением другого бесцветного аппаратчика Янаева на пост вице-президента, Горбачев усилил разногласия среди путчистов и выиграл еще один раунд политической схватки.

Затем он вынудил путчистов начать сепаратные переговоры с Ельциным, делая ставку на ненависть Ельцина лично к нему, Горбачеву. Эти переговоры о взаимодействии на случай смещения Горбачева состоялись. Видимым результатом был подписанный Крючковым и Ельциным 6 мая 1991 г. протокол об образовании КГБ России. Одновременно Крючков продемонстрировал Ельцину, что дни Горбачева сочтены.

Меня тогда поразила точность политического действия Горбачева. Обрадовавшись, Ельцин 12 июня объявил о независимости России. И это был последний выигранный Горбачевым раунд. Выигранный блестяще, путем перенесения удара на себя. В результате заговорщики, отложив путч на август, провалились. А Горбачев потерял властные позиции. Оплеванный всеми, он сохранил достоинство политика, которому страна более, чем кому-либо, обязана свободой, а цивилизованный мир — освобождением от страха перед коммунистическими варварами.

Лето 2004 года мы с женой провели в Швейцарии. В качестве приглашенного профессора я работал в EPFL —

Федеральном политехническом институте возле городка Сен-Сюльпис под Лозанной. Я демонстрировал там возможности созданных мною математических методов анализа белков и исследовал новые пути их использования в генетике.

В небольших уютных виллах по берегам Женевского озера мы видели подвалы-бомбоубежища. Аккуратные, удобные и вместительные помещения, системы автономного жизнеобеспечения, запасы продовольствия. Огромной толщины бронированные двери открываются и закрываются без усилий, словно сделаны из легкого дерева.

Еще пятнадцать лет назад муниципальные власти обязывали жителей не только иметь такие убежища в своих домах, но и держать их в постоянной готовности на случай угрозы. От Советского Союза, конечно. В Швейцарии на этот счет никому ничего объяснять не надо. У всех в памяти, например, воздушные поцелуи Чернобыля, принесенные ветрами с востока.

Когда Горбачев освободил страну от амбициозной власти, не способной понимать ни человеческих чувств, ни человеческих слов, жители Швейцарии, ценящие спокойствие и размеренный постоянный труд, стали хранить в тех подвалах вино. Очень удобно. Но Путин снова напомнил европейцам, что вино лучше держать в другом месте, а бронированные двери рано менять на более легкие.

«Партия Путина» или сексоты-спасители Отечества

После назначения премьер-министром в августе 1999-го Путин, поддержанный пиаром на крови (Чечня, взрывы домов) быстро активизировал потенциал «партии Андропова» на выборах в Думу 19 декабря 1999 года. Так возникла «партия Путина», огромная раковая опухоль в политическом пространстве российского государства.

Блицкриг спецслужб был блестящим по исполнению и

результатам. В декабре 1999 года фракция, сформированная под эгидой и по технологии КГБ-ФСБ, стала самой мощной в Думе.

Докладывая тогда же об успехах расширенному командному активу силовых органов, Путин в специфически шутливой манере сказал присутствующим товарищам, что он рад доложить: «задание внедриться в правительство и работать под его прикрытием успешно выполнено». Это выглядело как солдафонская шутка.

Но последующее стремительное развитие событий показало: это не была шутка. Страна по историческим меркам практически молниеносно оказалась под властью спецслужб.

Действуя вне какого бы то ни было общественного контроля, эта власть использует для достижения своих целей:

1) социально-политический потенциал армии сексотов,

2) аппаратную культуру и социально-политические устремления «новых советских»,

3) теневые методы советской экономики,

4) усовершенствованные методы манипулирования выборами,

5) сталинские методы идеологического воздействия на общественное сознание.

В распоряжении этой власти классические и оригинальные (созданные в спецподразделениях КГБ) методы устранения политических противников.

Она показала, что может делать это значительно более адресно и эффективно, чем Сталин. А если необходимо, то и не менее жестоко.

Говорят, будто это и есть то, чего хочет Россия, «страна рабов, страна господ». Возврат к следованию «подлинным традициям российской государственности». Это неправда. Это возврат к бандитскому государству сталинского типа под прикрытием внешних форм демократии.

Наши

Массовая армия сексотов исключительно важный для путинской диктатуры ресурс. Еще при Андропове стукачей перестали держать в страхе и на коротком поводке.

Подписывая договор о сотрудничестве, сексот признавал право КГБ определять, что собой практически представляют интересы Родины. За это ему предоставлялась полная свобода. Никаких пропагандистских глупостей вроде тех, что исходили от идеологов КПСС или других деятелей, мечтающих об идеологическом рае на иных, «по настоящему правильных» началах. В обмен на услуги доносчиков, сексотам давалась гарантия свободы и защищенности в несвободном обществе.

«Партия Андропова» представляет все слои общества. Ну и что, что сексоты. Это знак доверия к КГБ. Наши, нормальные граждане, «идущие вместе» с нами. Пусть они до поры не знают друг друга в лицо. Ничего страшного. Придет время, узнают.

И время пришло. «Партия Андропова» стала «партией Путина». Ее облик виден в руководстве и активе партии «Единая Россия». В действующем руководстве Думы и Федерального Собрания. В кандидатурах губернаторов после отмены губернаторских выборов. В «наших», «идущих вместе» в ряд по Ленинскому проспекту с Путиным на майках. В их начальнике Василии Якименко, верном путинце, руководителе легальной боевой организации, финансируемой Кремлем, которая отрабатывает приемы организованной борьбы с противниками режима и действует под прикрытием чистой, как слеза комсомолки, молодежной инициативы.

В СССР текущая «партийная работа» с действующими и потенциальными сексотами на местах проводилась «первыми отделами». Они размещались в скромных небольших комнатах во всех организациях и трудовых коллективах по всей стране.

Сейчас, после всех превращений (КГБ в МСБ, АФБ, МБ, ФСК и, наконец, в ФСБ), функции первых отделов восстановлены и усилены. Интенсивно ведется вербовка новых сексотов, по предварительным оценкам (на основании разговоров с людьми, которым были сделаны соответствующие предложения) масштабы вербовки не меньше, чем в СССР.

Политический и экономический криминал под защитой Закона

Как и в СССР, в новой России не нашлось ответственного политика, который положил бы конец существованию огромной армии сексотов. Не сделал этого и Ельцин из-за своей искренней двуличности.

Одна его часть залезала на танк возле Белого Дома в августе 1991-го. Защищала свободу прессы, противостояла попыткам реставрации. Другая эти попытки сама же провоцировала. Наслаждалась властью. Санкционировала войну в Чечне. Насаждала в Кремле порядки и дух партийных секретарей. Плясала и пьянствовала в ходе дипломатических миссий на высшем государственном уровне. И тряслась от страха, что со сменой власти ему, Ельцину, и его семье грозит не только то, что сам он сделал с Горбачевым, но придется отвечать по более крупному счету.

За все девять лет правления Ельцин, тот, что залезал на танк, был у власти иногда. Другой Ельцин властвовал все остальное время. Он и выбрал Путина гарантом собственной безопасности. Он же подписал подарочный «От Ельцина на добрую память органам» Закон РФ «Об органах ФСБ в Российской Федерации». Интересно, что на сайте ФСБ, где приводится этот закон (Федеральный закон «Об органах федеральной службы безопасности Российской Федерации» 03.04.95 г. №40-ФЗ (СЗ №15-95 г. ст.1269), Принят Государственной Думой 22.02.95 г. (изменен и дополнен 01.12.99 г.)), датой его «изменения и дополнения» указана дата 1 декабря 1999 года. В других ссылках это 30 декабря 1999, 7 ноября 2000 и 30 дскабря 2001.

Перечень прав, которыми обладает ФСБ в России, определяет Статья 13 этого Закона. Первым (с него начинается статья) Закон объявляет право ФСБ иметь армию сексотов любой численности, выполняющую любые функции, которые сочтет нужными ФСБ:

Статья 13. Права органов ФСБ. *Органы ФСБ имеют право:*

а) устанавливать на конфиденциальной основе отношения сотрудничества с лицами, давшими на то согласие.

На словосочетание «отношения сотрудничества» в Законе нет никаких ограничений, кроме общей оговорки, что «использование органами ФСБ предоставленных им прав для выполнения обязанностей, не предусмотренных федеральными законами, не допускается».

«Отношения сотрудничества» законом предусмотрены. Функциональные рамки и масштабы, в которых ФСБ имеет право пользоваться услугами сексотов для целей, предусмотренных федеральными законами, могут по Закону быть любыми. По этому Закону мы и живем. И имеем нынешнюю политическую систему. На законных основаниях.

Все страны охраняют тайну своих сексотов. Но оговаривают рамки. Россия тайну рожденных ею «секретных слонов» охраняет особо. Никаких рамок. И никакого контроля. В Законе «Об органах ФСБ в РФ» контролю и надзору за деятельностью ФСБ посвящена глава V. Авторы этого скупого юридического текста, регламентирующего всю сложную систему контроля за деятельностью спецслужб в государстве российском, сумели свои мысли на этот счет вложить в 104 слова, образующие четыре грамматических предложения. Вместе это две статьи (по два предложения в каждой), составляющие целиком всю главу.

Одна, номер 23, разрешительная. Она называется «Контроль за деятельностью органов ФСБ». Статья содержит 58 слов (с повторениями). Из конкретных людей контролирует ФСБ только Президент. Члены Федерального собрания, депутаты Думы и судебные органы имеют право «получать сведения» о деятельности органов ФСБ «в порядке, определяемом законодательством РФ».

О том, какими сведениями нельзя интересоваться, говорит другая статья Закона, под номером 24. Она называется «Прокурорский надзор». Статья содержит 46 слов (с повторами). Из них 31 слово (67% статьи, 30% главы) составляет последнее, четвертое по счету предложение, которое запрещает какой бы то ни было прокурорский надзор не только за всей проблематикой армии сексотов, но и за деятельностью ФСБ вообще. Вот текст этой замечательной пятой главы целиком. В оригинале вместо аббревиатур РФ и ФСБ стоят «Российская Федерация» и «Федеральная служба безопасности». Четвертое предложение я выделил подчеркиванием.

Глава V. Контроль и надзор за деятельностью органов ФСБ

Статья 23. Контроль за деятельностью органов ФСБ

Контроль за деятельностью органов ФСБ осуществляют Президент РФ, Федеральное Собрание РФ, Правительство РФ и судебные органы в пределах полномочий, определяемых Конституцией РФ, федеральными конституционными законами и федеральными законами. Депутаты (члены) Совета Федерации и депутаты Государственной Думы Федерального Собрания РФ в связи с осуществлением ими депутатской деятельности вправе получать сведения о деятельности органов ФСБ в порядке, определяемом законодательством РФ.

Статья 24. Прокурорский надзор

Надзор за исполнением органами ФСБ законов РФ осуществляют Генеральный прокурор РФ и уполномоченные им прокуроры. <u>Сведения о лицах, оказывающих или оказавших органам ФСБ содействие на конфиденциальной основе, а также об организации, о тактике, методах и средствах осуществления деятельности органов ФСБ в предмет прокурорского надзора не входят.</u>

Пункт н) Статьи 13 того же Закона дает ФСБ право «создавать в установленном законодательством РФ порядке предприятия, учреждения, организации и подразделения, необходимые для выполнения обязанностей, возложенных на органы ФСБ, и обеспечения деятельности указанных органов». Представим не Путина даже, не министра, не другого крупного начальника федерального или регионального уровня. Просто «ответственный товарищ» из органов. Звонит по спецсвязи прокурору, следователю, судье. Официально представляется. Интеллигентным голосом, без нажима, буднично, информирует, что такой-то подследственный или подсудимый, подозреваемый в убийстве (торговле наркотиками, продаже детей и женщин в сексуальное рабство, покалечивший или сбивший кого-то насмерть своей иномаркой и т. д.), действовал по оперативной необходимости в интересах органов. Детали его действий могут раскрыть «организацию, тактику, методы и средства осуществления деятельности органов ФСБ», что запрещено Статьей 24 Закона РФ «О деятельности органов ФСБ».

По стилю процесса над Ходорковским, по многочисленным случаям, когда суды «вдруг» принимают «неожиданное» решение вести процесс как закрытый, можно безошибочно предположить, что происходит с прокурором, следователем, судьей, когда к ним поступает такой звонок.

Закон не только охраняет безопасность и спокойствие органов от посягательств на них со стороны общественности.

Он предоставляет юридическую базу для защиты криминала, действующего под крышей государства. Этот криминал сейчас лезет из всех дырок и углов путинской системы.

Партия жизни

Две цитаты из книги «Рабы ГБ» Юрия Щекочихина.

Цитата 1. «Помню, как с нежным смехом одна пустая московская девица, молодая жена гэбэшника, рассказывала в застольной компании, в которой я случайно оказался, как муж отомстил ее начальнику, с которым она что-то не поделила: «Он позвонил в отдел кадров и просто спросил, а у вас такой-то работает? Как он? И через два дня этому козлу отменили командировку во Францию»».

Цитата 2. «За двадцать лет работы кадровиком и парторгом хорошо рассмотрел, какой густой липкой паутиной преуспевающих сексотов опутано наше многострадальное отечество и как вольготно кормятся с их помощью легионы номенклатурных боссов и охраняющие их органы».

Опираясь на свой авторитет и каналы влияния, КГБ помогал десяткам миллионов сексотов решать личные жизненные проблемы. Обмены по принципу «вы помогаете нам, мы помогаем вам жить» были продолжением теневой экономики в область закрытой социальной работы с населением. Они цементировали связь десятков миллионов граждан с сотнями тысяч уполномоченных аппарата КГБ на местах.

Те же обмены действуют и сейчас. Под прикрытием свобод их стало проще осуществлять. Советские судебные традиции при полном отсутствии традиций общественного контроля создают грандиозный простор для развития политэкономических технологий в этом направлении. Это укрепляет доверие сексотов к ФСБ. Тайная «Партия Путина» в их глазах становится проводником базовых жизненных ценностей, «партией жизни».

Следующий анекдот был бы смешным, если бы не выражал «ужас нашего городка». В конце 2002 года под прикрытием главы Федерального Собрания, которым у спецслужб работает пока господин Миронов, возникла «партия» именно под таким вот названием: «Партия Жизни». Если «Единая Россия» это видимая часть гигантской социально-политической раковой опухоли под названием «партия Путина», то «Партия жизни» это ее небольшой, но выразительный метастаз. Перестаравшиеся спецслужбы уже в 2002 прогнозировали политический вакуум вокруг Путина на выборах 2004 года. «Партия Жизни» была призвана заполнить его политико-опухолевой тканью. Выполнив задачу, этот «жизненочек» не исчез совсем. Он только тихо опустился на политическое дно, ушел с глаз долой. На время. Понравившееся название решили не мусолить. Когда бренд «Единая Россия» устареет, «Партия Жизни», согласно заявлению господина Миронова, заменит его. Гениальная политика.

Новая элита «Наших»

Из среды сексотов в СССР формировалась закрытая элита КГБ. Кадровый резерв будущей новой элиты государства. Вошедшие в закрытую элиту освобождались от обязательных доносов, политического сыска. Им предстояла более ответственная роль. Будущему депутату Верховного Совета, члену ЦК КПСС, народному артисту СССР, известному космонавту, маститому писателю, зачем им писать доносы? Оставаясь «нашими», они полезны и без доносов.

По замыслу Андропова, новая элита должна была сменить советскую партийную элиту. У Андропова не получилось: не дожил. Его преемники Чебриков и Крючков не успели: у Горбачева «процесс пошел» слишком быстро.

Когда в конце восьмидесятых возникла реальная свобода слова, «новая элита» КГБ устарела, не вылупившись из лубянских яиц. Ее штат принужден был довольствоваться положением аутсайдеров на фоне тех, кто действовал от себя, а не от КГБ, кому было что сказать людям. Эту трагедию Глеб Павловский озвучил еще до прихода Путина в одном телевизионном интервью на НТВ. Ведущий Лев Аннинский назвал его тогда «властителем дум молодого поколения». Павловский отреагировал скромно. И посетовал, что он и его единомышленники не успели занять нужную позицию «в очередь к кассе, где давали власть».

С приходом Путина изменилась касса, где дают власть. И на публичном лице Павловского появилась довольная интеллектуально-загадочная улыбка, которая не сходит до сих пор.

В январе 2000, когда перспектива захвата власти спецслужбами стала твердой реальностью, под руководством

Павловского началась массированная кампания по «смене старой элиты на новую». Вскоре закрытый авангард кадрового резерва получил позиции «новой элиты» в ключевых сферах общественной жизни. Прежде всего в СМИ под прикрытием «споров хозяйствующих субъектов». «Смена элит» сейчас практически завершилась массовым замещением путинскими кадрами всех позиций в государственных структурах, науке, культуре. Везде, где обеспечен мало-мальски значимый доступ к ресурсам и управлению ими. Модернизированная советская аппаратная культура стала в России фактом современной государственной и общественной жизни.

Несколько лет назад власти по «инициативе снизу» решили выяснить, как население отнесется к тому, чтобы Соловецкий камень на Лубянке убрать и на его место вернуть Железного Феликса. Возникла полемика. В пылу спора руководитель клуба ветеранов спецслужб заявил (это прошло по телеканалам), что десятки тысяч нынешних руководителей по всей стране забыли, что находятся в списках КГБ. «Ну ничего, — сказал он, — мы им это напомним». И напомнили.

Путь самого Путина в закрытую элиту КГБ был короче, чем у многих. Он был освобожден от доносов и политического сыска. За две недели до первого избрания на высший государственный пост, он рассказал об этом в интервью корреспондентам «Коммерсантъ-Daily» (Наталия Ъ-Геворкян и Андрей Ъ-Колесников «Железный Путин», № 40, 10 марта 2000 г.). Тогда он впервые в истории страны на высшем государственном уровне публично объявил «нормальными гражданами» всех сексотов, которые занимаются политическим сыском «на идейных принципах» и «в интересах государства». Это был отчетливый знак всем членам «партии Путина», что наступают новые, более благоприятные времена.

Цитата из интервью:
КТО ТАКОЙ СЕКСОТ.

Корреспонденты «Ъ». Вы действительно чуть ли не с пеленок хотели быть разведчиком?

В. В. Путин. Да нет, я вполне реально подумывал о летном училище, правда, гражданской авиации. Литературу начал читать, журнал выписал. А потом в середине девятого класса увлекся...

Корреспонденты «Ъ». Книги, кино? «Щит и меч»?

В. В. Путин. «Щит и меч». И это был не просто так выбор, не просто захотелось. Я посмотрел даже здание, где находится КГБ, то есть я конкретно занимался этим вопросом. И это еще не все. Я пошел в приемную управления КГБ. Вышел какой-то дядя. Как ни странно, выслушал меня на полном серьезе и сказал: «Отрадно, конечно, но есть несколько моментов. Скажу честно. Первое – мы инициативников не берем. Второе – мы берем после армии или после окончания гражданского вуза людей уже с высшим образованием». Я, естественно, поинтересовался, после какого вуза. «После любого». – «А все же предпочтительно какой?» – «Юридический». – «Понял». Я поступил на юрфак ЛГУ.

Корреспонденты «Ъ». Вы хотите сказать, что они вас запомнили и потом предложили работать в КГБ?

В. В. Путин. Они, конечно, могли меня после того похода в приемную зацепить, но оценка их, видимо, была: совсем школьник. Просто не обратили внимания.

Корреспонденты «Ъ». А когда обратили? Сотрудничали с ними в институте?

В. В. Путин. Меня даже не вербовали в качестве агента, хотя тогда это было распространено. Людей, которые сотрудничали с органами, было много. Это важный инструмент жизнедеятельности государства – сотрудничество с нормальными гражданами. Главное, на какой основе оно строится. Сексот кто такой, знаете?

Корреспонденты «Ъ». Секретный сотрудник.

В. В. Путин. Хорошо. А почему это приобрело такой негативный оттенок, знаете? Потому что эти люди выполняли определенную функцию. Какую?

Корреспонденты «Ъ». Идеологическую.

В. В.Путин. Да, идеологическую. Это политический сыск. Вот мы говорим, разведка — это интересно. А вы знаете, что девяносто процентов всей информации добывается с помощью агентуры среди советских граждан? Агенты действуют в интересах государства. И не важно, как это называется. Важно, на какой основе происходит это сотрудничество. Если на основе предательства и материальной заинтересованности, то это одно, а если на каких-то идейных принципах, то это совсем другое. А борьба с бандитизмом? Ничего невозможно сделать без агентуры. *Конец цитаты.*

Путин осведомлен, что система из десятков миллионов стукачей никогда не была ни источником достоверной информации о взглядах и мнениях населения страны, ни эффективной агентурной сетью для борьбы с бандитизмом. Ни при Андропове, ни теперь. Это в книге «Рабы ГБ» убедительно показал Юрий Щекочихин.

Невозможно предположить, что в бытность главой ФСБ Путин не понимал, какая липа эти листочки с доносами от сексотов. Тем не менее, в интервью он аккуратно воспроизвел легенду, под прикрытием которой в России функционирует «партия Путина». 3 июля 2003 года, вскоре после выхода в свет книги «Рабы ГБ», ее автор Юрий Щекочихин скончался в Центральной клинической больнице. Официальная причина смерти — острый аллергический синдром неизвестного происхождения. Некоторые СМИ сообщили, что Щекочихин умер от инсульта.

Впрочем, вполне вероятно, это был элементарный герпес. Тот самый, который Глеб Павловский публично диагностицировал на лице Ющенко осенью 2004-го, незадолго до последнего тура украинских выборов. Острая форма герпеса. В наше время герпес очень распространен.

Доказательства

Есть ли юридически достоверные факты, способные подтвердить, что в стране реально правит руководимая ФСБ «партия Путина»?

У меня нет. И было бы странно, если бы я ими располагал. Потому что у меня никогда не было интереса к государственным тайнам. А юридически достоверные свидетельства профессионалы уничтожают. На то и профессионалы.

Но есть реальности, которые уничтожить нельзя. Потому что нельзя, и все. Невозможно. Прямо по Новому Завету: «Ибо нет ничего тайного, что не сделалось бы явным» (Лк. 8.17). Есть люди, трупы, пепел. Есть публичные вербальные и невербальные тексты господ, представляющих эту власть. Юридическими доказательствами они служить не могут. Но по-человечески говорят о многом. И прямо, и между строк. Следов, вообще говоря, полно. Если присмотреться и сбросить с себя равнодушие. В делах, какие творились в СССР и творятся в России теперь, ослиные уши спецслужб торчат повсеместно. Они, словно кости зэков, которые по весне обнажаются на берегах разливами сибирских и уральских рек.

Мещанские, Басманные, Таганские суды не принимают и никогда не примут эти уши к производству. Но парадокс в том, что в процессах Ходорковского и Лебедева, Юрия Самодурова, других подобных процессах, судьи, следователи, прокуроры по-тихому и очень внимательно слушают все, сказанное на том специальном «языке ушей». Не юридическом, но точном и внятном. Слушают, мотают на ус, и принимают к исполнению. И мы все это прекрасно видим.

Я и ты

Хорошо ли ненавидеть своих врагов? Плохо, говорил Христос. Душе своей повредишь. А врагов Отечества? Здесь мнения расходятся.

Могут ли быть преступными помыслы? Конечно. Если

иметь в виду преступление против собственной души, совести. Но это преступление перед Богом. Кроме тебя только Он знает про твою душу все. Он и осудит, в случае чего. А потом простит. Или не простит. Нам знать не дано. Мы не боги, а человеческому суду помыслы не подсудны.

Тебе душа дана? Ну и распоряжайся ею. Бог с тобой, будь собой. Только оставь другим то же. Пусть и они распоряжаются своей душой, как ты своей. Не насилуй их в этом. Ты же не Бог. Нехитрая философия. Но для жизни лучшей никто не предложил. Для жизни, где ты и я частные, смертные люди.

Лично я тоже считаю, что мыслей преступных, преступных взглядов нет. Я думаю одно, ты — другое. Личное дело каждого из нас. Мы все разные. Одни сочувствуют расистам — это их дело. Другие всех любят, — это их дело. Есть добрые, злые, озабоченные, легкомысленные, это их дело. Тем более если помнить, что легкомысленное для одного может быть в высшей степени серьезным для другого.

Но как только возникает власть, все меняется.

Даже у паспортистки «при исполнении» обыкновенные мысли могут стать общественным явлением. Поставила штамп, жизнь пойдет так. Не поставила, — по-другому. Кто писал инструкции, не наше дело. Не положено. Надо? Можно сделать за деньги. Поймают — осудит суд. Но если правильно вести, делиться, не поймают. А если и поймают, ничего не будет.

Мешает жить инструкция, поможет депутат. Но если власть ему дал ты, ему придется выяснять, нет ли за этой инструкцией другой, твоей, негласной. Можно пойти к депутату, у кого власть не от тебя. А если у всех депутатов власть от тебя? Тогда надо идти к тебе. А ты занят. У тебя важные дела. Все инструкции проверять не можешь. Не твоя забота.

А паспортистка смотрит на тебя в телевизор. И начальники смотрят. И учатся, как правильно дела делать. И соображают, что кесарю наверху, а что им внизу. Как распорядиться, чтобы заработать. Одному на хлеб, другому на образование детей в Оксфорде, третьему на коттедж. Тут и конец «развитию личности и гражданского общества в целом». И дело не в Объединенном Королевстве, не в коттеджах. Дело в механизмах достижения успеха. Нет гражданского общества при твоей власти. И взяться ему неоткуда.

Нравятся тебе фильмы «Щит и меч», «Семнадцать мгновений весны» — твое дело. Мне нет, и это мое дело. Считаешь ты профессиональное двуличие во имя высоких интересов признаком силы, считай. Я то же самое считаю признаком слабости — и духа, и ума. Любишь ты философию победителей — могу понять. Но мне ближе слова Лао-Цзы: «Ты победил меня, а я не победил тебя. Разве это означает, что ты прав, а я неправ?». И слова «победа — философия подонков» (слышал их от Фазиля Искандера, от кого он — не знаю). По-моему, тоже можно понять.

Ты считаешь, великие государственные цели можно достигать враньем и убийствами, только чтоб уши не росли. Потому что цель оправдывает средства. Это твое дело. Я считаю, что пока ты так доберешься до цели, она изменится, а ты душу свою убьешь, и свечки в церкви не помогут. Потому что средства видоизменяют цель.

Ты считаешь доносительство по идейным соображениям подвигом, служением Родине. Я считаю его унижением, оскорблением граждан страны. Чеченцев, русских, татар, — всех. А также унижением самой страны, если, конечно, страна это граждане, а не их начальники. Но оба мы имеем право думать, как хотим.

Ты считаешь, без суда над Сталиным страна может выбраться из собственных экскрементов. Я не согласен. Без такого суда она никогда из них не выберется. Так и будем по уши в собственном дерьме жить.

Ты считаешь, государству не в чем каяться перед потомками десятков миллионов убиенных своих граждан. А я считаю, оно обязано покаяться. Именно как государство. Как Германия после Гитлера. Но в частной жизни все, что ты и я думаем, частное дело каждого.

Но вот ты становишься главой бывшего КГБ. И все меняется. Твои взгляды перестают быть лично твоим делом. Извини. Особенно насчет сталинизма. Руководимая тобой организация наследует ответственность за убийство десятков миллионов жителей моей страны. И ты наследуешь. Ты лично, как ее глава. И ты не спрячешься за разрешением публиковать материалы сталинских репрессий. Мол, смотрите, мы тоже против. Пусть при Сталине тебя и в проекте не было, но от той крови ты не отмоешься. Ни ты, ни твои предшественники, ни твои последователи. Хочешь ты, или нет.

Когда над тобой другой Президент, я еще могу как-то отвлечься от твоих взглядов. Пусть у Президента голова болит.

Но когда ты становишься Президентом, я не способен отвлечься.

Пользуясь технологиями КГБ, ты пошел по стопам Сталина. Вернул управляемые СМИ. Заполнил власть политическими муляжами, имитирующими весь спектр общественной активности. С помощью «новой элиты», выращенной в лоне КГБ, ты ставишь политические спектакли, где эти муляжи играют отведенные тобой роли.

Американские ЦРУ и ФБР, немецкая БНД теперь твои ученики. Судя по всему, благодарные. Твой генетический гуру это он, всем известный родной отец и большой ученый. Не имеет значения, что у него военный френч, а тебе нравятся академические мантии. Что идеологическую функцию врага у него выполнял международный империализм, а у тебя международный терроризм. Что он убивал по разнарядкам, а ты их счел неэффективными. Что у него на знамени был коммунизм, а у тебя гражданское общество.

Ты присвоил себе право селекции общественного сознания. Помимо массовых репрессий это было центральное преступление Сталина. Ты его повторил. Как и Сталин, ты взялся формировать дух народов страны путем дозированной лжи, «интеллектуальных легенд» и «правильной подачи информационных материалов».

Ты объявил нормальными гражданами доносчиков,

которые стучат «по идейным соображениям». Этим ты надругался над памятью моих близких, убитых твоими предшественниками по доносам таких же «идейных борцов с врагами народа». Над их потомками, надо мной, моими детьми и внуками. Какими бы ни были твои мотивы, этим ты преступил моральный закон, который тебе внутри себя вменяю я. Именно потому, что ты — Президент. Вот почему, уважая выбор моих сограждан, я считаю тебя преступником. И это мое личное дело.

Развивая идеи Сталина, ты создал новый современный тип диктатуры. К этому оказались не готовы ни международная общественность, ни население страны, ни независимые политики России. Они все упали к тебе в руки. Ты думаешь, ты победишь? Думай. Но тебя ждет не победа, а развязка вызванного тобой фарса. И сопровождаться она будет не охапками тюльпанов и роз, не бархатными драпировками и не апельсинами. А воем волков, которых ты наплодил и научил вилять хвостом. И явных, и тех, кто пока не вышел из тени, но уже идет за тобой след в след. Они и загрызут тебя.

Что до меня, я, как и многие, в моей стране видел всякое. Меня удивить трудно. В том числе и тем, что у половины моих сограждан начисто отшиблена историческая память и сочувствие жертвам. Но и они с удовольствием поют под гитару, балалайку, гармонику, а капелла, кто как:

Ой ты Сталин-голубок,

Ой цветочек Берия.

Ой страна моя родная

Вечного доверия.

В Германии начала тридцатых тоже все говорили о возрождении немецкого духа, когда Гитлер убедил народ в безоговорочном успехе своей концепции власти и государства. Но после Нюренбергского процесса помрачение сошло.

Сойдет оно и в России. Вопрос времени. Возможно, после крови, которую тебе и твоим подручным придется пролить под видом расстрела «террористов». Чтобы до конца сыграть роль политических преступников, чья диктатура опирается на бейсбольные биты и модернизированные сталинские методы.

У Александра Галича шофер членовоза говорит таким, как ты: «Ой, вы, добрые люди, начальнички, соль и гордость родимой земли». Мимикрируя под современность, назначенные тобой молодые и старые «начальнички» с энтузиазмом сбиваются в стаи и повторяют историю как фарс. Страшный, если разобраться. Но все-таки фарс. По нынешним временам это утешение.

Политическая философия традиционной диктатуры

Путин специфическим образом постоянно публично демонстрирует убежденность, что эффективная власть и политика обязаны строиться на принципах, которые питали и питают все современные диктатуры. Эти принципы ежедневно внедряются в массовое сознание как основа «демократии по-российски». Вот они:

1. То, как понимает интересы государства мудрый правитель, это и есть интересы государства.

2. Государственные интересы имеют безоговорочный приоритет над интересами граждан.

3. Главенство правителя над Законом и судебной системой необходимо, если Закон и суд недостаточно эффективно способствуют общественному благу.

4. Всякая независимая от государства гражданская активность потенциально опасна для общества и потому должна контролироваться и получать санкцию государства на право существования в обществе.

5. Всякое самоуправление это прикрытие чьих-то властных амбиций.

6. Государство обязано заниматься формированием сознания граждан страны с помощью контролируемых СМИ.

7. Государство должно назначать государственные и культурные элиты.

8. Власть не может быть эффективной, если не подавляет свободу СМИ.

9. Философия спецслужб может и должна быть основой философии и практики государственной власти.

10. Государство обязано контролировать экономику.

11. Государство обязано контролировать выборы.

12. Законодательная, исполнительная и судебная власти могут быть независимыми только в том случае, если это не противоречит интересам государства.

13. Мудрый правитель способен с помощью сильной команды исполнителей и правильно организованной вертикали власти устроить жизнь людей лучше, чем это способны сделать они сами.

Это основа политической «мудрости» всех диктаторов прошлого века и тех, что перешли в век нынешний. Ленин, Сталин, Мао, Гитлер, Муссолини, Франко, Пиночет, Дювалье, Садам Хусейн, Кастро, Ким Чен Ир. Список длинный и может быть продолжен. В следовании этим принципам они едины, что не мешает каждому считать себя мудрее остальных.

Но Путин пошел дальше.

Политический театр

Традиционный диктатор после захвата власти создает легальную политическую партию и становится ее публичным лидером. Партия отбирает сторонников, формирует кадры аппарата, государственную и культурную элиты.

Гитлер, Муссолини, Сталин были лидерами государств и политических партий одновременно. Это вынуждало их делать специальные пропагандистские кульбиты, чтобы отводить от себя ответственность за инспирируемые бесчинства представителей их партий. Будь то фашисты, нацисты или палачи НКВД. Требовалось дистанцироваться от якобы нерадивых слуг, проводя публичными репрессии и чистки в собственном аппарате. Это было неэффективно. «Подставляясь», традиционные диктаторы были обречены терять политические очки.

Путин поступил иначе. Идея подсказана практикой демократических развитых стран, где лидеры и их аппарат решают текущие задачи, а партии активизируются только для проведения политических шоу в период предвыборных кампаний.

После захвата власти Путиным армия сексотов не изменила свой общественный статус. Она легально действует под прикрытием борьбы с бандитизмом. Контроль над ней Президенту обеспечен статьей 23 Закона «Об органах ФСБ». В качестве политической организации эта «партия» была и остается нелегальной «на законных основаниях». Нелегальность защищена статьей 24 того же Закона РФ, запрещающей любые формы прокурорского надзора за деятельностью этой организации, включая методы и средства ее использования.

Как политическая сила, «Партия Путина» видна всем. Но юридически ее нет. Как надежная экономическая крыша для «новых советских», способная защитить от любых судебных преследований, она также отчетливо видна. Но юридически ее опять-таки нет.

Реальный механизм власти Путина над этой «партией» официально нигде не проявляет себя. Легальные воплощения «партии» имеют вид «политических муляжей», с которыми Путин формально юридически никак не связан. Главный из них «Единая Россия». Ее называют партией власти. Но формально Путин вообще вне этой партии. Ее лидеры — другие люди.

Это дает Путину важные политические преимущества, широкие возможности для маневрирования. Надо будет, он уберет «Единую Россию», заменит другой партией. Надо будет, инициирует замену или перетасовку формальных лидеров «Единой России». И отразит упреки в диктаторских замашках, как отражал их до сих пор.

Выводя себя и свой режим в глазах мировой общественности и политического истеблишмента за пределы привычных представлений о традиционной диктатуре, Путин выигрывает политические очки там, где Сталин их терял. И продолжает развивать в качестве инструмента диктатуры политический театр, какого до сих пор не было ни в одной стране мира.

От выпускников школ КГБ я слышал, что там в больших объемах преподают НЛП, нейро-лингвистическое программирование (разработано в 1970-х годах американцами Джоном Гриндером и Ричардом Бендлером), а также родственные техники манипулирования сознанием: психологию влияния, технологии трансформации мнений, методы замены нежелательных ассоциаций желательными и т. д. Пересаженные из другой культурной почвы (США) на почву российскую, тем более, на почву интересов спецслужб, они трансформируются в техники обретения власти над людьми, их сознанием, поведением. Это похоже на то, что произошло в России с учениями Маркса и Фрейда.

Я также не раз видел, как выпускники школ КГБ демонстрируют убеждение, что знание НЛП гарантирует им если не успех в жизни, то превосходство над теми, кто этим не владеет. Это не удивительно. В отечественной культуре путь к социальному успеху гарантируют не знания, а идеология. Не умение быть полезным ближнему, а власть. Приглашение власти (войди в наш круг, будешь избранным, получишь инструменты влияния) здесь самая сильнодействующая приманка для амбициозных молодых людей. Из них в основном и рекрутируются актеры путинского политического театра.

Признанные мастера жанра Глеб Павловский, Владимир Жириновский, Алексей Митрофанов, Михаил Леонтьев, Дмитрий Рогозин. Круг растет. Им подыгрывают журналисты, деятели культуры, науки, бизнесмены, словно действительно время вернулось на четверть века назад. Люди спешат: осуждают, клеймят, выражают уверенность в правоте дела Путина. Политическая игра ведется краплеными картами одновременно на многих политических площадках. Фабула другая, но житейская и политическая суть знакома донельзя.

Оказавшись на сцене этого театра, противники Путина вынуждены бороться не с реальными противниками, а с политическими муляжами, ветряными мельницами. Озабоченные концептуальной идеологической позиционностью, они почти все оказались не способны эффективно действовать, когда им противостоят не идеи, а муляжи идей. Когда оппоненты действуют внешне открыто, но играют под ковром. Когда в основе живой по форме речи правила НЛП, рефлексивные практики, игротехнические приемы. Когда содержание не имеет значения, а привычная логика становится условным ресурсом. Когда, свободно манипулируя политическими концепциями, путинские игроки имитируют борьбу между собой. Любой путинский актер театра может дистанцироваться от Путина, даже поносить его, если того требует коммуникативная задача.

На сцене — спектакль, жизнь — за кулисами. В гримерных. Главное, это эффективное продвижение к решению поставленной политико-идеологической задачи. Важен результат. Скажем, ставится задача: вывести электорат правых партий из под лидеров СПС и присоединить его к путинскому электорату. Годится все, что работает на этот результат.

С момента прихода Путина к власти и до последнего времени публичные уроки такого театрального искусства на канале ОРТ дает Михаил Леонтьев в рубрике «Однако». Сразу после передачи «Время» в вечерний прайм-тайм. Судя по комментаторам политических событий на других каналах, уроки идут впрок.

Операции по физическому устранению неугодных политических противников стоят дорого. Велик риск. Театр выгоднее и эффективнее. При правильно организованной поддержке он экономит ресурсы. Позволяет без крови обезвреживать оппозиционных лидеров. Схема проста: создаются «наши» лидеры, подставные, той же направленности. Затем бывших выводят из игры, их электорат перетекает к «нашим».

Но не всегда получается. Можно посочувствовать. Например, весной этого года была замечательная история с «крыльями» у «Единой России» в Думе. Правым и левым. Было задание: убедительнее продемонстрировать плюрализм мнений в партии. 19 апреля руководство «Единой России» объявило, что у партии растут-таки политические крылья — в подарок Путину. Чтоб 25 апреля ему было комфортнее в Федеральном Собрании зачитывать послание, где демократией дышит каждое слово.

Изобразили «раскол», «настоящие идеологические разногласия». Когда же, не дождавшись «крыльев», Путин с трибуны Федерального Собрания убедительно показал urbi et orbi, как он заботится о развитии гражданского общества, случилось страшное. Место, где намечались крылья, как-то странно исчезло. Беременность оказалась ложной.

Дело в квалификации. Не все руководители партии и депутаты знают, что такое НЛП по-русски. Ничего, проведут занятия, тренинги, все наладится. Если успеют. Но надо спешить. Может статься, что сменщики Путина скоро эту комедию упразднят за ненадобностью. Или, напротив, Путин все это упразднит, когда начнет не театральные, а настоящие чистки в своих рядах. Тогда сменщикам придется туго.

В период укрепления диктатуры, пока еще есть смысл носить демократический грим, театр Путина прекрасно выполняет свою задачу. Но это не может продолжаться долго. Сбрасывание масок неизбежно, как неизбежен политический и экономический крах режима.

Новая концепция врага

Все диктаторы нуждались и нуждаются во врагах. Враг это «идеологическая валюта». Она дает свободу маневра, политические активы. Если врагов нет, их создают.

Сталин пользовался «международным империализмом», «классовыми врагами» и «врагами народа». Гитлер более приземлен: его врагами были неарийские нации (евреи, армяне, цыгане), коммунисты и страны антигитлеровской коалиции.

Идеологическая валюта Путина — международный терроризм. И российский, с чеченским лицом, переходящим в «лицо кавказской национальности».

В феврале 1944-го Сталин депортировал 650 тысяч чеченцев, ингушей, калмыков и карачаевцев в Казахстан. Убили тьму людей. Везли как скот. Половина погибла. Путин извинится за это? Никогда.

Решимость женщин-смертниц обложиться взрывчаткой, взорвать себя и с невинными людьми погибнуть, откуда она? Среди причин — кровоточащая память. И власть, которой наплевать на людей вместе с их памятью. Может ли память быть оправданием зверств? Нет. Но невнимание к ней со стороны политиков, считающих себя ответственными, это тоже преступление.

У смертников всегда можно найти признаки патологического сознания. Их жестокость к себе всегда еще и ужас для жертв террора, их родных, близких. Именно поэтому терроризм универсальная политическая валюта, эффективная и во внутренних делах, и в межгосударственных отношениях.

На российских банкнотах этой валюты изображен Путин. Борец со злом, очевидным для народов и правительств большинства стран мира. Среди них США, страны Евросоюза. Политики охотно принимают эту валюту как свободно конвертируемую, так как знают ей цену и умеют ее использовать в своих интересах.

Здесь надежная почва для взаимопониманий между Путиным и ведущими лидерами развитых стран. Это обеспечивает режиму внешнеполитическую стабильность, которая не снилась ни Сталину, ни Гитлеру.

Ферма терроризма

Валюта «терроризма» обеспечена «золотым запасом» традиций сталинской идеологии. Это обязывает. Борясь с терроризмом одной рукой, Путин другой взращивает его, холит и лелеет.

Мастеров делать бизнес на терроре много. Среди борцов с терроризмом их не меньше, чем среди идеологов и организаторов террора.

Путин борется с террористами в их родных горах. Но он знает, что главное сопротивление не там. Оно в песенке, которой чеченская мать баюкает младенца. В ее крике ребенку сквозь окно: «Уходи, они едут».

2000 год Путин начал гнусным спектаклем. «Обменял» Андрея Бабицкого на подставных солдат у «чеченских террористов», секретных сотрудников ФСБ с чеченской внешностью. Главе британского МИДа Робину Куку Путин представил их как «мирных жителей в горном районе Чечни» (Андрей Бабицкий. «На войне», по книге, увидевшей свет в парижском издательстве «Робер Ляфон»).

Нынешней российской власти выгодно оскорблять народ Чечни, выдвигая в качестве представителей его национальных интересов сексотов. Тех, кого чеченцы считают предателями. Вести политический процесс на основе открытого диалога с реальными представителями населения Путин и его сторонники не хотят.

Путин вообще боится вести открытый диалог. Не только с чеченцами. С русскими, татарами, евреями тоже. Может кто-то и принимает за «откровенный разговор с людьми» кремлевские спектакли, где Путин «общается» со специально отобранными представителями населения. Я — нет.

Ну, хорошо, профессиональное двуличие это философия разведчиков. Пусть разведчики живут всегда и везде под прикрытием легенд. Даже в своей стране. Даже в постели с женой. Но это их выбор. За это им деньги платят. Может, они сами от этого мучаются. Только я, мои дети, внуки, мы-то здесь причем? Мы виноваты, что у них такая профессия? Почему философия профессионального включения разведчиков во вражеское сообщество должна навязываться обществу, как философия государственной власти? Что, мы и правда все изначально враги друг другу?

Элементарную человеческую недостаточность, элементарную аморальность Путин с маниакальной настырностью, крестясь и ставя свечки в храмах, навязывает стране в качестве основы общечеловеческой морали и государственной жизни.

Привлекая в поддержку историю государства Российского, Путин возвращает чеченцам роль подстилки под руку самодержцев. Тех, кто правил Россией «возлегши локтем на Кавказ». Так выразился Михайло Ломоносов в хвалебной оде к Елисавете Петровне в 1748 году, когда она всходила на престол. Пещерная политика. Прямая поддержка терроризма, осознанная и вменяемая.

«Кому война, а кому мать родна», — говорят в России.

По совокупности факторов устойчивости тотальной власти Путину выгодно пасти генералов и распорядителей бюджетных денег, греющих руки на Чечне и чеченской нефти. Его устраивает, что в ответ на труп национального героя Масхадова 600 мальчиков-подростков тут же ушли в горы и пополнили ряды террористов. Ему важно, чтобы идеологическая валюта «терроризма» не подвергалась инфляции. Не обесценивалась на политическом рынке внутри страны и снаружи.

Он убежден, что сознание людей только ресурс, которым можно и нужно правильно управлять в интересах государства. Только ресурс. Ничего более. И нечего нюни распускать. Мать там... Ребенку кричит... В окно... Делать надо, а не советы давать. Тоже, поэты нашлись. Хватит болтать! А видели пальцы, головы отрубленные? Кричит? Пусть. Хочет значит. Правильно власть организуем. Деньги дадим. Дадим работу. И перестанет кричать. Все наладится.

Не наладится. Только страшнее и страшнее раны. У всех. И надолго.

Вражеские теневые центры

Дело не в чеченцах. Путин и поставленные им начальники относятся так же ко всем людям, где бы они ни жили: в Прибалтике, в Грузии, в Украине, в Узбекистане, в Киргизии.

Они пишут кипятком, восхищаясь пропагандистами Сталина. Их умением превращать подвиги людей на войне 1941–1945 в идеологическую чернуху, которая и народ сплачивает вокруг вождей, и преступления вождей скрывает.

А дать место на параде в честь 60-летия Победы 9 мая этого года представителям миллионов репрессированных после плена, «положивших крови за победу немеряно», для них запредельная идея.

После той войны огромная страна была обклеена плакатами о героях-панфиловцах. А НКВД под всенародное восхищение их подвигом издевалось над теми, кто чудом остался жив 16 ноября 1941 года после боя у разъезда Дубосеково под Москвой. Это никого не волновало. Вообще люди сами по себе власть никогда не интересовали. Была важна их идеологическая функция. Под эту функцию в мае 1945-го делались постановочные кадры о знамени Победы над рейхстагом в Берлине. Кто реально установил то знамя, где те люди, власти было наплевать. И все было шито-крыто.

Вывод: в сороковых была правильно поставлена идеологическая работа. Не то, что в девяностых.

Кто допустил, что в августе 2000 во время смертного удушья экипажа «Курска» телеканалы внесли в каждый дом скошенные от страха и вранья глаза адмиралов Куроедова и

Попова? Что вся страна услышала вопль жен погибших моряков, публично влепленный в покрытое сочинским загаром лицо Путина? Сталин тут же расстрелял бы. Всех. И Путин тогда сильно засуетился. Уничтожение свободных СМИ было срочно ускорено. В спешном порядке состоялся массовый призыв спецжурналистов, которые понимают, почему люди, убитые очевидным головотяпством власти, должны быть в первую очередь героями. И ни в коем случае не жертвами разгильдяйства.

Как при Сталине, так и при Путине начальники не умеют и не хотят строить представления об экономике и политике, принимая в качестве отправной точки реальные переживания людей, их повседневные чувства. Достигая власти, они сразу улетают наверх. Народ для них становится массой, стихией, которую требуется привести куда надо. Перестает быть сотней миллионов конкретных людей.

На первом месте геополитические и военные интересы. Непременно те, что в головах начальников. А там хоть трава не расти. Мне рассказывал крупнейший знаток химических проблем экологии профессор Сергей Самойлович Юфит (1925—2004), как в Архангельской области наши военные испытывали американский диоксиновый «желтый дождь» на своих же жителях. Юфит сам исследовал страшные последствия того преступления.

Начальники читают доносы стукачей и думают, этого достаточно, чтобы знать мнение людей в стране о них и об их политике. И когда происходят такие вещи, как в Украине, где, несмотря на все старания российских спецслужб был избран Ющенко, они абсолютно уверены, что все делают только деньги и происки конкурирующих спецслужб. Остальное неважно.

В 1969 году одна форменная садистка, вроде той, что в фильме Милоша Формана «Кто-то пролетел над гнездом кукушки» наслаждается властью над умалишенными, допрашивала меня в комиссии парткотроля при ЦК КПСС. Ее звали Галина Ивановна Петрова.

Я не был в партии никогда, никаким боком. Меня вызвали туда как инициатора и одного из организаторов фестиваля бардов в Новосибирском Академгородке. Фестиваль проходил с 3 по 9 марта 1968 года. Там единственный раз за всю свою жизнь в СССР Александр Галич получил сцену для открытых выступлений перед публикой. Я сам приглашал его туда. Так получилось, что 5 марта были демонстрации в Польше. А в Чехословакии кипела пражская весна. Август и советские танки на улицах Праги были впереди.

И эта злобная тетя с перекошенным ртом, дрожа от гнева, с разных сторон подступала ко мне с одним только вопросом: где тот вражеский теневой центр, по чьему заданию я работал?

Она не могла представить, что вне власти, в которую она пробилась, могут существовать частные интересы людей, которые касаются государственного устройства. То же самое, только в исполнении высокопоставленных кремлевских политических отморозков, нам преподносит власть Путина.

Действующая пропагандистская машина заботится о тщательной поддержке внутри- и внешнеполитического курса государственной идеологической спецвалюты под названием терроризм. Уникальное средство внутриполитической стабилизации режима. Под угрозой цветочных и бархатных революций фактор страха перед терроризмом особенно ценен. Мощный ресурс запугивания и запутывания общественного сознания.

В конце июня один из самых высокопоставленных кремлевских чиновников Владислав Сурков публично предупредил население страны от имени Кремля: если состоятся выступления против режима, они будут жестоко подавлены, как инспирированные извне. Он похвалил Каримова за решительность в Андижане.

Тут же по Первому каналу в программе «Время» (случайно, конечно, так, между прочим) был показан сюжет. Сначала ведущая особо обратила на него внимание телезрителей, предупредив, что слабонервным и детям лучше не смотреть.

Затем камера показала, как в Турции полицейские на улице при скоплении народа в солнечный день пристрелили человека. Как брызнула кровь. Как убийство завершилось выстрелом в голову. И голос за кадром пояснил, что, обыскав убитого, полицейские нашли у него на поясе взрывчатку.

Мол, смотрите, и учитесь. Это Турция. И Россия не лыком шита. И у нас так будет со всеми, кто не верит в способность отечественных стражей порядка находить взрывчатку на поясе, когда того требуют государственные интересы.

После захвата Ирака эмиссары Буша не смогли найти там оружие массового поражения. Комментируя это известие перед телекамерами, Путин неожиданно прервал официальный тон ремаркой: «Я бы нашел». И улыбнулся. Конечно нашел бы. И никто не пикнул бы в России. Этим, в частности, диктатура отличается от демократии.

Почему диктатура?

Перефразируя известный анекдот времен Брежнева, можно сказать, что сейчас граница между социалистическим капитализмом и государственным проходит по кольцевой автодороге вокруг Москвы, а граница между государственным капитализмом и капиталистическим коммунизмом — по кремлевской стене

Страна, как и при советах, сжалась до пределов Москвы и Кремля. Россия с ее реальной территорией и реальным населением снова превратилась в тыльную сторону самой себя. Ее подлинная жизнь ушла в недоступную миру, контролируемую властями информационную, экономическую, политическую тень.

Царская геральдика. Красавцы президентского полка. Экскурсии по Кремлю при солнечной погоде. Церкви, толпы молящихся. Свобода вероисповедания. Пол Маккартни на Красной площади. «Забота» о безвизовом режиме для россиян в Европе. Стремление вступить в ВТО. Совместные учения с НАТО. Приемы в Кремле. Награждения дсятелей культуры, ученых, политиков, бизнесменов. Благодарственные ответные речи. Поездки Путина за рубеж и по стране. Поцелуи с лидерами большой восьмерки. Подписание договоров.

Это диктатура? Нет, конечно. Это ее фасад, загримированный под демократию. Политтехнологи позаботились, чтобы грим был убедительный.

Лично мне без разницы, как устроены фасады российских диктатур. С фасадами у нас всегда полный порядок. Но диктатура не там, где фасад, а там, где расположен незаметный пока Иосиф Сталин с лицом Владимира Путина. И незаметный пока Андрей Вышинский с лицом Владимира Устинова или генерала Колесникова.

На Западе и в стране говорят: но ведь есть же свобода слова! Есть свобода информации! То, за что боролись диссиденты, осталось! Завоеванная Россией свобода слова и информации действует, пусть и немного дозированная! Это что, тоже диктатура?!

Я бы задал встречный вопрос. А может ли быть свобода слова в условиях диктатуры? Ответ: может, если это диктатура спецслужб.

Внутри КГБ практически неограниченной «свободой слова и информации» пользовались все сотрудники со времен Андропова. В том числе и те, кто работал в рамках «отношений сотрудничества на конфиденциальной основе». Теперь Россия одно из подразделений ФСБ. И в ней успешно существует свобода слова и информации в пределах, не мешающих диктатуре.

Есть еще одна проблема. Чем отличается свободное слово от несвободного?

Идеологи Путина, объясняя юным российским интеллектуалам философию Кремля, говорят: «Слово Мандельштама или Мишеля Фуко свободное. Оно не врет. Но оно никому и не нужно, кроме нас с вами, интеллектуалов, ценителей. А слово политических партий во всех демократических странах врет, хоть и свободное. Потому что политика есть политика, тут надо врать.

Купленные правительствами этих стран журналисты и СМИ говорят не то, что думают, а то, что надо, за что деньги платят. Слово компаний, рекламирующих свои товары, почти всегда вранье, хорошо оплаченное. Врут везде. «Свобода слова» это миф. Нет ее. Есть борьба интересов. А мы что, хуже? Давайте не обманывать себя, как те идиоты, что требуют свободы слова. Весь мир врет, а мы что, дураки? Между нами, не для посторонних?

Тем более, мы же с вами не такие, как все. Понимая, что «свобода слова» фикция, мы действуем по-умному. Мы используем свободное слово как прикрытие для достижения великих целей. Мы хотим вывести страну из тупика, в который ее завели коммунисты и демократы. Поэтому идите в ряды «наших». И вранье, неизбежное в современном мире, мы вместе с вами поставим на службу благородным целям могущества Родины и блага всех ее жителей».

Это в точности аргументы господина Ульянова. Под аккомпанемент такой логики он пресек начатый реформой 1861 года процесс превращения России в экономически процветающую страну. Заложил основы диктатуры Сталина и перешиб жизненный хребет российскому государству.

Когда в страну пришел рынок, и с ним рекламные ролики, меня, помню, поразило, насколько технология рекламного бизнеса идентична технологии коммунистической пропаганды. Рекламный песенный слоган «Знак хорошего вкуса и традиций пример/высший сорт чая Липтон всегда под рукой...», ничем не хуже советского политического песенного слогана «Взвейтесь кострами синие ночи/мы пионеры, дети рабочих». Его каждое утро мне и моим сверстникам перед уходом в школу вбивала в голову сталинская пропаганда в передаче «пионерская зорька». Или «Солнышко светит ясное, здравствуй страна прекрасная». Техника воздействия на сознание абсолютно одинаковая. Но есть маленькое различие.

При диктатуре правил один Сталин. Или один заменяющий его «коллективный орган». Или один Гитлер, как в Германии. И пропаганда была тотальная. А демократия это когда правят миллионы Гитлеров и миллионы Сталиных, сосуществуя друг с другом и со всеми прочими жителями. Там тоже пропаганда, но не тотальная. Потому что есть выбор. Этот критерий различия между диктатурой и демократией приводят, ссылаясь на Карла Поппера.

Он точно обозначает, в чем разница между диктатурой Путина и гражданским обществом. При диктатуре правит один Путин. Как сейчас. Вот и все.

Путинская «свобода слова» это слово, загнанное в резервацию, окруженное и нейтрализованное массированной пропагандой. Это уроки для журналистов, которые еще не поняли, что происходит. Это отравление Анны Политковской. Это избиения Андрея Бабицкого в Чернокозово. Это травля Владимира Познера «группой Q» (www.contrtv.ru/autor/4/), которая инструктирует «наших» сексотов как следует правильно понимать сохранение на ОРТ передачи «Времена».

На любое свободное слово есть «наше свободное слово», произведенное в недрах путинской теневой системы по законам НЛП и «отношений сотрудничества на конфиденциальной основе». Оплаченное бюджетом. Ревнители «подлинной свободы слова» удовлетворены. И внутри страны и в окружающем мире. На этот счет все в порядке. Ну, почти все. А дальше думайте, господа. Вспоминайте Анри Барбюса 1935 года и Лиона Фейхтвангера 1937 года. Думайте и решайте, с кем вы, товарищ маузер?

Такая «свобода слова» необходимый элемент демократического грима. Столь же необходимый, как повязанный по рукам и ногам Владимир Лукин в роли омбудсмена и Анатолий Приставкин в роли советника Президента.

Этой усеченной свободе осталось жить всего ничего. Ровно до того момента, когда грим станет лишним. Момент наступит скоро. Потому что власть Путина несовместима с гражданским обществом.

Путин создал убедительную иллюзию фантастического могущества у поддерживающих его политических и идеологических мародеров. Закрыв от общественности механизмы власти в целях ее безопасности, он создал все условия для разворачивания борьбы за власть внутри теневого сообщества.

Когда эта борьба выйдет на поверхность, а это неизбежно произойдет, Путину придется прекратить комедии с политическим театром, с НЛП, и приступить к чисткам как внутри своих теневых соратников, так и вовне, среди оппозиционной интеллигенции.

Понукаемая Путиным Россия вступает в полосу системного кризиса власти и экономики. В полосу нового застоя и новых бедствий. Она погружается туда как в болото, под фанфары спецслужб, военно-промышленного комплекса, кремлевских герольдов, охранников и стукачей.

Национализация имени Андрея Сахарова

У Кремля на Красной площади лежит труп тезки Путина, Владимира Ульянова. Его приватизированный Сталиным облик был номером 1 в реквизите политических спектаклей коммунистов.

Национализировать популярные имена, передавать их в собственность государству, чтобы они служили диктатуре, было любимым занятием сталинской пропаганды. Арсенал имен пополняли, чистили, поддерживали в боеспособном состоянии. Там не только «Ленин». Там «Суворов», «Кутузов», «Петр Первый». «Пушкин», «Маяковский», «Горький»... Масса персонажей.

Путин расширил арсенал. Теперь здесь «Андрей Первозванный», «Александр второй освободитель», «Николай второй», «Колчак», «Деникин»...

Андрея Сахарова пока нет. Пока. Но национализация имени этого самого известного российского правозащитника идет, началась несколько лет назад.

Чтобы подменить опасный для власти образ Сахарова идеологической пустышкой, заставить его работать на власть, нужно:

1. Исключить в СМИ положительные упоминания о соратниках Сахарова.

2. Представить соратников Сахарова уголовными преступниками.

3. Передать право формировать образ Андрея Сахарова его «истинным последователям», назначенным спецслужбами.

Первый пункт властями выполнен.

Второй тоже почти выполнен.

Шельмование Сергея Ковалева, ближайшего соратника Андрея Сахарова, известно всему миру.

Два года назад началась дискредитация Юрия Самодурова, директора Общественного Музея и Центра имени Андрея Сахарова.

В январе 2003 года Юрий Самодуров и сотрудница Музея Сахарова Людмила Василовская организовали в стенах музея выставку «Осторожно, религия!». Выставка выражала эстетическую и философскую точку зрения участников на идеологические функции религии в России и в современной мировой культуре.

На четвертый день после открытия выставка была разгромлена. Команда из шести молодцов разбила экспозицию, покалечила работы. Музей вызвал милицию. Она задержала погромщиков и тут же отпустила. Причина: выставка оскорбила их религиозные чувства.

Судили не погромщиков, а Юрия Самодурова и Людмилу Василовскую. Сразу после погрома их обвинили в разжигании религиозной розни, завели уголовное дело. 28 марта 2005 года Таганский суд объявил их уголовными преступниками по статье 282 УК РФ, часть 2. Их вина «доказана» экспертными заключениями «искусствоведов». Процесс сопровождался организованной кампанией «откликов», выражающих «народный гнев и возмущение».

По определению Таганского суда Музей и Общественный центр «Мир, прогресс и права человека» имени Андрея Сахарова стал местом, где «те, кто выдает себя за соратников Сахарова, занимаются уголовщиной», что и требовалось для сюжета национализации имени Андрея Сахарова.

Следующий шаг состоялся в связи с днем рождения Андрея Дмитриевича.

Начиная с 1991 года каждый год 21 мая, в день рождения Сахарова проводился концерт в его честь в Большом зале Московской консерватории. Зал арендовала Московская филармония. Музей и Общественный центр Сахарова и Фонд Сахарова выкупали несколько сотен билетов и распространяли их среди тех, кто разделял взгляды и судьбу Сахарова, кому дорога память о нем.

В этом году незадолго до 21 мая концерт в честь Андрея Сахарова был отменен. Его отменил директор филармонии Алексей Алексеевич Шалашов. Позвонили из филармонии и сказали, что концерт не состоится, потому что его организует уголовный преступник — Юрий Самодуров. Чтобы обеспечить право владения именем Сахарова без Ковалева, Самодурова и тех, кто ими мог бы быть приглашен, проделали такой фокус. На афише давно объявленного на 21 число концерта в Малом зале Московской консерватории была неожиданно сделана приписка: концерт посвящается памяти Сахарова.

21 мая на площадке перед Музеем Сахарова на Земляном Валу состоялся концерт-митинг, организованный соратниками Сахарова. Когда время, отпущенное на его проведение, закончилось, милиция попросила всех разойтись, чтобы соратники Сахарова не смогли совершить новых уголовных преступлений.

Выступая на митинге, Сергей Ковалев квалифицировал ситуацию с отменой концерта как продуманный акт властей с двумя целями: 1) отсечь от имени Сахарова тех, кто был с ним связан судьбой и общностью взглядов, 2) передать государству права на использование имени Сахарова в интересах власти.

Социальная фильтрация при коммунистах

Диктатура фильтрует людей. Продвигает «достойных», остальные должны уйти на дно или умереть.

При Сталине «достойными» были те, кто «не возникает», славословит тирана, стукачи, приспособленцы. Спецы за колючей проволокой, подобно Королеву, Туполеву, физикам в бериевском атомном проекте.

Независимые, активные люди уничтожались. Все.

Но социальная фильтрация не только прямые убийства.

Я был свидетелем социальной фильтрации в Академии Наук, благодаря которой преимущества получили не те, кто делает науку, а те, для кого причастность к науке есть средство обретения власти и социального успеха.

В 1965 году я закончил МИФИ как физик-теоретик, в 1969 — аспирантуру в Институте Электрохимии, в теоротделе одного из первых учеников Ландау Вениамина Левича. У меня были замечательные шефы по диссертации. Я еще застал отзвуки научной культуры, сопровождавшей создание нового взгляда на мир Эйнштейном, Бором, Резерфордом, Борном, Паули, Гейзенбергом, Дираком и другими.

Нас, студентов, обучали люди, для которых фундаментальная наука была делом жизни. Трудным, но единственно возможным способом видеть и слышать природу. Лекции читали Померанчук, Мигдал, Компанеец, первое поколение учеников и сотрудников Ландау. Я не был лично знаком с Петром Капицей, Таммом, Зельдовичем, Будкером, Смородинским. С Гольданским виделся один раз, был короткий разговор за чаем, за сценой литературного музея Пушкина на Пречистенке, куда он с женой пришел после моего концерта памяти Галича 29 декабря 1994 года. Но их присутствие я косвенно ощущал в атмосфере тех лет. В конце 1970-х в Институте системных исследований я работал у Шаталина рядом с Леонидом Витальевичем Канторовичем. Он поддержал мои исследования в области теории правил, известной как «детерминационный анализ» (С. В. Чесноков. Леонид Витальевич Канторович. Штрихи к портрету. В кн. «Леонид Витальевич Канторович: человек и ученый». РАН, Сибирское отделение. Институт математики им. С. Л. Соболева, Институт вычислительной математики и математической геофизики. Новосибирск, 2002. 542 с. Стр. 226–230. См. также http://www.vestnik.com/issues/2003/0820/win/chesnokov.htm).

Этим людям административная деятельность была чужда, либо воспринималась как досадная необходимость. Советская система беззастенчиво присвоила себе славу их достижений. Коммунисты убивали свободную мысль, без которой нет науки. Непреодолимая способность. человеческого интеллекта пробиваться через все препоны общественного идиотизма, создаваемого коммунистическими начальниками, преподносилась властью как ее личная заслуга в развитии науки.

С уходом того поколения ученых кончилась продуктивная атмосфера, необходимая для развития научной мысли. Шаг за шагом в Академии Наук результативно работающие ученые теряли позиции в управлении наукой, оттеснялись на вторые роли. Впереди оказывались те, кто умел создавать авторитет научных достижений в глазах власть имущих, обменивать его на ресурсы и управление ими. Это не было ново. Но на моих глазах это стало доминантой Академии. Исключения были, но только исключения. Результативных ученых выставляли как прикрытие для огромного количества управленцев с учеными степенями. Живые начала стали редкостью. Тогда, в начале 1970-х, а не в конце 1980-х, начался откровенный и окончательный упадок науки в СССР.

Социальная фильтрация при Путине

Демократическое общество тоже фильтрует людей. И там есть неправый суд, тошнотворные бюрократы, воры-менеджеры. И там власть затыкает рты журналистам.

Но там есть институты, которые ставят власть в зависимость от населения и политических конкурентов. Они могут работать плохо. Но они есть. У любителей тотальной власти там нет режима наибольшего благоприятствования. А в России есть. Здесь власти не мешает ничто.

Главный начальник может все. Услышал, соблаговолил заметить — может быть что-то получится. Построят больницу. Кому-то показательно помогут. Не услышал — не получится ничего.

После моего доклада в Сахаровском центре 2 июня Валерий Абрамкин, известный правозащитник, сказал мне, что Путин помог ему улучшить положение в тюрьмах и изоляторах. Валерий добился, чтобы Путин посетил Кресты в Петербурге. Путин посетил и по-человечески ужаснулся. Сказал нужные слова нужным людям и помог. Помог в созданной им системе власти, где решающее значение имеет только его личная санкция.

Путин не упускает возможности публично демонстрировать качества, которые считает признаками полноценных граждан. Сотрудничество с органами на идейных началах. Способность побеждать. Занятия спортом. Образованность. Любовь к искусству. Знания. Власть. Семья. Вера в Бога. Любовь к Родине.

Все эти качества могут в равной мере быть и у людей, которые развивают жизнь, и у людей, которые ее губят.

При коммунистах Россия стала обществом со смещенными психогенетическими характеристиками. Перестройка отменила социальную сепарацию коммунистического толка. Но при Путине преимущества снова получили те, кто имел их при коммунистах. Как и при Сталине, наибольшие шансы на социальный успех у сексотов и их начальников.

Путинская бюрократия и информация

Путинское государство это прежде всего «вертикаль власти», основанная на директивном управлении в духе ЦК КПСС с помощью «контрольных цифр». Директива Путина об «удвоении ВВП» прочно заняла место знаменитой фразы Брежнева «экономика должна быть экономной».

Созданная Путиным система управления столь же неэффективна, как и советская. Бюрократия теперь более многочисленная, чем при советах. Возрождены аппаратные привычки советских партийных чиновников. В условиях тоталитарной теневой власти молодое пополнение бюрократии быстро перенимает эти привычки.

Как и при коммунистах, личный успех бюрократа определяется способностью развивать мысли начальства, получать похвалу сверху и обеспечивать теневую откачку бюджетных денег в нужном направлении. Способам «решения проблем» обучает главный учитель – Путин. Он ежедневно дает публичный мастер класс техники теневой власти. Важнейший элемент борьба с коррупцией. Его подчиненные кричат «ура» и применяют полученные знания в теневой экономике, каждый на своем уровне.

При отсутствии механизмов независимого контроля со стороны населения эта система исключает решение проблем общества, требующих согласованных и целенаправленных усилий государственных институтов, бизнеса, общественности. Вместо дел хор чиновников всех мастей. Чиновники публично бьют себя в грудь, как ярые поборники возврата «славы Российской науки», «славы российской промышленности», «славы российской духовности» и т.д. А дома, в промежутках между заботами о том, какого цвета джакузи выбрать для ванной комнаты на третьем этаже загородного особняка, они говорят, какое все вокруг продажное. Какие они умные, что все понимают, и какие деловые, что еще ухитряются что-то делать.

Антиинформационное общество при Путине

Эффективность современного общества определяется информацией. Но государственная система, воссозданная Путиным, никогда не станет информационным обществом. Она знает только одну функцию информации: контроль. Свобода распоряжаться информацией, интерпретировать ее «как надо» снова прерогатива только высшей власти. Как и при коммунистах, главной функцией информации стало обслуживание дворцовых интриг и «доступа к телу».

Вновь исключен общественный климат, при котором деятельность чиновников была бы поставлена в прямую зависимость от достоверной информации. Возвращены порядки, при которых успех чиновника (как и бизнесмена) зависит не от информации, а от теневых связей и эффективной «крыши».

Информация для чиновников опасна. Она повышает уровень их ответственности. Это источник потенциального компромата против них. Ни один чиновник в системе, которую реставрировал Путин, не заинтересован в информации. При Путине страна по стилю властных отношений вновь стала антиинформационным обществом.

Проекты по информатизации страны, заявляемые министрами Путина, это блеф, прикрытый «научными соображениями», не имеющими научного и практического смысла из-за полного несоответствия между проектами и реальными проблемами превращения России в информационное общество.

Имитируется причастность к науке и научно техническим знаниям в соответствии с правилами аппаратных игр. Реальные цели этих проектов повышение ролевого статуса участников проектов и максимизация личного успеха в получении бюджетных денег.

Во всех странах мира имитация деятельности обычная практика. Но в России Путина этой имитации, и только ей, подчинено все. Я говорю то, что знаю. Мне и моим коллегам Россия во многом обязана тем, что в ней действительно действуют, а не имитируют деятельность федеральные медицинские регистры больных диабетом, муковисцидозом, детей с заболеваниями крови, иммунной системы, онкологическими заболеваниями. Лучшие, как говорят сами медики.

И я прекрасно вижу, почему страна, в условиях «информационного бездорожья» испытывая жесточайший информационный голод, не в состоянии из него выбраться. Информационные проекты, объединенные названием «Электронная Россия» (*Информационный портал ФЦП «Электронная Россия»*), планируются исключительно как мощные территориально распределенные насосы по откачке денег из бюджета на личные нужды чиновников. Стиль советских времен. Традиция идет еще от Автоматизированных систем управления (АСУ), бесплодных и ни на что не годных монстров, результатов симбиоза тоталитарной системы и технических решений, единственный смысл которых быть кормушкой для чиновников.

Ближайший пример — система персонального учета населения России (*«Электронная Россия». Федеральная целевая программа. Электронное правительство. Концепция создания системы персонального учета населения России*). Проект гигантского масштаба. Его идея — объединить электронные базы данных по учету населения, которыми пользуются милиция, система учета избирателей, военкоматы, налоговые службы, пенсионный фонд, фонд социального и медицинского страхования. Называются даже базы данных воинских частей, избирательных участков, консульских служб.

В концепции ни слова о том, что почти на всей территории страны все эти так называемые «базы данных» суть древние бумажные картотеки, имеющие такое же отношения к электронным базам данных, как бухгалтерские счеты и арифмометр «Железный Феликс» к современным компьютерам. А немногие функционирующие электронные базы разношерстны по форматам и структуре, содержат огромное количество информационного мусора и не соответствуют реальности. Действительное состояние информационного хозяйства страны не волнует разработчиков. Они «высоко сидят, далеко глядят», и это путинцев приводит в восторг.

Концепция лишена практического смысла. Она не предусматривает практическую работу с данными на территориях, где проживает большая часть населения страны. Не предполагает создание технологии для низовых звеньев, где производится и анализируется информация, которая может и должна использоваться для налаживания жизни людей.

Под прикрытием фразеологии, узнаваемой специалистами по современным базам данных, концепция предусматривает прежде всего перевод финансовых средств из открытой системы бюджетных отношений в теневую сферу через закупки фондоемкого оборудования. Руководству проекта обеспечены долговременные источники теневых доходов под прикрытием отчетности, опирающейся на архаические государственные стандарты по созданию информационных систем и программного обеспечения, выпущенных еще в 1970-е и 1980-е годы. Проект обречен на неудачу, а его авторы обеспечили возможность грамотно уйти от ответственности за его провал.

При путинской власти исключены законы, способные поддержать создание информационного общества. Под прессом порядков советской экономики исключена внятная политика в области информационных стандартов, защиты прав жителей на личную информационную безопасность. Инициативы власти в этой области (как и везде) направлены исключительно на создание новых контрольных функций, «спецвалюты». Ее спецслужбы и чиновники легко обменивают на власть, деньги, товары, услуги.

Внятность функционирования, полезность для общества входят в круг внимания путинской бюрократии только как фон для бизнеса по чисто советской схеме: получить деньги из бюджета, львиную долю пустить налево, за копейку нанять Левшу-программиста, с его помощью отчитаться об «огромной проделанной работе».

В использовании информационных технологий для военных целей Россия будет делать все, чтобы «не отстать» от развитых стран. Но при Путине средства те же, что при коммунистах: внешняя техническая разведка, требования сделать «не хуже», авралы на закрытых предприятиях, битье и отстрел стрелочников. Методы, обрекающие страну на вечную отсталость.

При Путине и его преемниках Россия будет закупать компьютеры, сети, дорогостоящие информационные технологии. Но пока власть спецслужб не рухнет, страна не станет информационным обществом. Будет делать вид. Но не станет.

Победа Путина. Заря долгожданного дня

Цель, поставленная Путиным в конце девяностых, достигнута. Власть завоевана и укреплена. Энтузиазм тех, кто сделал ставку на Путина, огромен.

Государственная система изменена. Кто говорит об «управляемой демократии», кто о «государственном капитализме». По существу в стране действует современный вариант диктатуры сталинского типа под прикрытием демократической конституции и рыночной экономики.

Официальные институты законодательной, исполнительной и судебной власти заменены политическими муляжами. Под их прикрытием нелегальная, теневая власть формирует внутреннюю и внешнюю политику, решает кадровые вопросы. Каналы влияния общества на власть упразднены или нейтрализованы.

Социальную опору теневой власти составляет «партия» сексотов во главе с ФСБ и Путиным. Это аналог КПСС, отбросившей марксистские условности, но сохранившей аппаратную и управленческую прагматику советской власти. Отличие в том, что КПСС была легальной партией, а «партия Путина» нелегальная, что дает важные степени свободы в достижении целей режима.

Механизмы разделения «партийной» и государственной власти те же, что при коммунистах, но приспособлены к новым условиям. Учтен китайский опыт.

«Нормы партийной жизни», регулирующие ротацию кадров и преемственность высшей власти, пока не сформированы. Это самая сложная проблема системы, созданной Путиным. Пока только активизировано формирование «правильного» корпуса губернаторов. Идет их замена на «наших» в сочетании с «приведением в правильно чувство» и подавлением тех, кто сохранил иллюзию независимости. Путину помогают несчастные случаи при странных обстоятельствах. Такие как гибель генерала А. Лебедя в Красноярске в 2002 году, недавняя гибель М. Евдокимова на Алтае. «Затаившиеся» губернаторы нейтрализованы. Им пока дана возможность «вписаться» в новую систему, но их замена дело времени.

По властным, политико-идеологическим и экономическим функциям новый корпус губернаторов и их сторонников на местах это аналог корпуса секретарей обкомов КПСС и региональной партийной номенклатуры. В настоящий момент это также противовес чересчур активным амбициям московских и питерских сторонников Путина.

Параллельно входит в оборот идея создания «настоящей» партии с Путиным во главе, возможно, на базе «Единой России».

Выборы всех уровней под полным контролем власти, включая выборные технологии и все необходимые финансовые, организационные, административные ресурсы.

Возможности успеха на выборах Путину обеспечивают сексоты – 15–20% избирателей, плюс армия, плюс давление на избирателей через службы жилищно-коммунального хозяйства по всей стране (примеры на выборах 2004 я видел сам), плюс формирование имиджа Путина через СМИ.

По данным «Левада-Центра» (*Левада-центр. 03.08.2005. Л.Седов. Проблемы президентских выборов 2008 года, www.levada.ru/press/2005080302.html*) в мае–июле 2005 года на вопрос, за кого люди предпочли бы голосовать в качестве президента в ближайшее воскресенье (вопрос был открытым, т. е. фамилии назывались респондентами без учета конституционных ограничений), 35 % опрошенных назвали Путина. При этом в среднем больше половины опрошенных не знают, за кого голосовать, голосовали бы против всех, не стали бы голосовать, либо не знают, стали бы голосовать.

Цифру 35 % можно принять в качестве минимального электората Путина. По тем же данным «Левада-центра» ближайший к Путину Зюганов, у него около 6 %, затем Жириновский 4 %, Рогозин 2 %, у каждого из остальных не более 1 %.

Это обеспечивает надежный «уровень доверия», позволяющий Путину «легитимно» продлевать свою власть или власть назначенного им преемника, не боясь никаких международных наблюдателей. Технические сложности наверняка есть. Но пока нет кандидата, способного завоевать симпатии половины населения, их преодоление не составляет проблемы.

Дума, Федеральное Собрание, Правительство, судебная система действуют формально по Конституции. Но в теневой системе власти их полностью контролирует Путин. Конституции отведена та же роль, что при Сталине и его последователях.

Эйфория

Молниеносный по историческим меркам захват власти спецслужбами при поддержке «партии Путина» и «новых советских» создал у многих участников этого блицкрига ощущение, что перспективы у них грандиозные. Что слабых мест в созданной ими системе власти нет. Что возможности политических технологий сталинского типа безграничны. В СМИ эта эйфория сейчас брызжет из всех дыр.

На коротких дистанциях политика силы и «управляемости через начальников» выглядит эффективной. В России угрозы «мочить в сортире» или, как пел Галич, «по заду втянуть ремнем», способны вселять страх и воодушевлять одновременно. Благолепие Кремля, правильные СМИ создают ощущение осмысленного позитива. Это фикция. На длинных дистанциях политика силы слабая всегда, без исключений.

Боясь опоздать на праздник жизни, «простые люди», «деятели культуры», «государственные деятели» снова массами пишут письма, одобряют, осуждают, упражняются в несложной хитрожопости.

Но эти люди ошибаются. Праздника не будет. А будет так, что всем им через какое-то время придется опять привычно врать детям, что они «не знали», что «было трудно разглядеть», что «невозможно понять, пока время не пришло», что «надо было защитить культуру», или что «он не знал». И все это, конечно, будет чистое вранье. Чтобы догадаться, что так и случится, достаточно помнить ближайшие уроки истории, не надо никаких «семи пядей» во лбу. «И нечего притворяться. Мы ведаем, что творим». Эти слова Галич адресовал современникам без малого 40 лет назад. Они не потеряли смысла и сейчас.

Революций не будет

Диктатура Путина способна сопротивляться внешнему давлению и со стороны населения России, и из-за рубежа. Про «бархатные», «цветочные» и «оранжевые» революции можно забыть. Путину и его режиму они не грозят, и вот почему.

В республиках Советского Союза сталинской технологии дробления социального сознания противостоял общенациональный протест против российской имперской политики. В первую очередь против насильственного насаждения русского языка.

Один из множества примеров — массовая демонстрация в Тбилиси 14 апреля 1978 года. Десятки тысяч жителей (для тогдашнего СССР беспрецедентно много) пришли к Дому правительства с протестом против новой редакции статьи 75 конституции Грузии. В ней предлагалось упразднить статус грузинского языка в качестве первого государственного. Редакция статьи начиналась словами: «Грузинская ССР обеспечивает употребление в государственных и общественных органах, культурных и других учреждениях русского языка и осуществляет всемерную заботу о его развитии». Огромная демонстрация шла с лозунгами «Вот фиалка!», по-грузински «аи иа». С этих слов грузинские дети начинают изучение родной азбуки по книге знаменитого просветителя Якоба Гогебашвили (1840–1912).

В России ничего подобного не было, и быть не могло. Ни традиций таких, ни общенационального сопротивления. Потому что для русских власть всегда хоть и «страшная», но «родная». И не иноземные захватчики, а эта, самая что ни на есть родная власть убивала свой же родной язык, отравляя его идеологическим диктатом и цензурой. Потому что именно Россия, а не другая какая-то страна, прославилась на весь мир как родина «слонов тоталитаризма». Тех, которых до сих пор ненавидят народы, освободившиеся от братских объятий коммунистической диктатуры. Среди них и украинцы, и молдаване, и чехи, и венгры, и поляки, и страны Балтии, перед которыми Путин не хочет извиняться от имени России, ставшей правопреемником Советского Союза вместе со всеми его преступлениями.

Выступив в роли агрессора, русский язык пострадал едва ли не больше других языков. Письменные тексты, литература, поэзия — служебные структуры языка, не сам язык. Я говорю о языке, который начинается с людей, а не с письменных текстов. С того, что ежедневно думают, говорят и делают сто пятьдесят миллионов жителей страны.

Этот русский язык больше всех изувечен под ударами идеологических кувалд с надписью «Сделано в России». В нем полностью разрушены социальные связи между людьми и «дальним» обществом. На их месте мифологемы, следы идеологических упражнений сталинских «тонкошеих вождей».

Как форма индивидуального протеста против действий власти здесь укоренено деление языка (и индивидуального сознания) на радикально разные субъязыки, «фени». Одна «феня» для разговоров с властью, когда человек должен быть «правильным». Другая для разговора со своими, близкими. Здесь можно быть живым, настоящим. Третья «феня» для общения с теми, на кого наплевать, когда можно быть бесчувственным, «глухим».

Страх перед произволом власти в России был всегда. Но деяния российской империи меркнут перед сталинской технологией создания страха как специального ресурса власти. Этот ресурс возобновлен действиями Путина. Он и его подручные очень этим гордятся.

Жителей России нужно сильно разозлить, чтобы они сделали то, что произошло в Грузии и в Украине. Ну очень сильно. Даже министр Зурабов вряд ли сможет заставить население пойти на такие крайние меры.

Попытки насильственного свержения власти, даже если они состоятся, будут жестоко подавлены. Никто пусть не рассчитывает на «подарки» общественному мнению вроде расстрела царскими жандармами демонстрантов в кровавое воскресенье 9 января 1905 года. Все будет умнее. И жертвы будут. А юридически Путин будет чист. Как стеклышко. Хотя всем будет ясно, что в действительности произошло.

Режим власти спецслужб и сексотов над народом от самого этого народа защищен. И все же режим уязвим. В первую очередь благодаря своей патологичности.

Что грозит режиму

Самый жестокий враг режима — он сам. Все хрестоматийно, ничего нового. У Путина три главных врага: борьба за власть между сподвижниками (не Хакамада ему страшна, а Грызлов, Иванов, Патрушев, кто там еще, в тени?), экономическая неэффективность и зависимость от нефтяной иглы.

Стена между Путиным и теми, с кем он публично «общается», видна всему миру. В телевизионных хрониках маска власти на лице Путина потрясающая. На глазах она становится болезненно вымученной. Фантастически выразительно ее сопоставление с масками «подобострастной независимости», «независимой подобострастности», «послушной готовности» и «наигранной внимательности» на лицах его соратников. Атмосферу передает популярный анекдот. Путин с Фрадковым на охоте, стреляет в уток и мажет. Фрадков, провожая уток глазами: «Надо же, мертвые, а летят»! Остальное описал Шекспир.

Можно себе представить, какая страшная проблема для Путина его собственная охрана. Он всегда должен быть готовым к тому, что многослойный контроль над ней может быть преодолен любым из приближенных к нему «друзей» и «соратников», владеющих теми же техническими средствами, умениями, что и он. Тут и «мальчики кровавые в глазах» запляшут, и все прочие прелести преступной власти, известные из истории.

Второй враг – неэффективность. Внешнее проявление легко увидеть на Ленинском проспекте, излюбленном месте маршей «наших». Нужно просто пройтись по нему и посмотреть магазины. Приличные, с появившимся было нормальным отношением к клиентам, исчезают. Их заменяют те, что представляют бизнес по-советски. Возвращаются старые манеры продавцов. Западные компании уходят. Пустеют торговые площади.

Путин обречен на поражение благодаря себе. Своему собственному амбициозному, типично фельдфебельскому убеждению, тысячекратно помноженному на чувство полной безнаказанности, что управление страной как подразделением ФСБ с внутренними системами многократной слежки может быть эффективным. Свои юношеские способы побеждать сверстников в школе он перенес на страну. И получит сполна то, что выбрал сам и заслужил.

Подтекст его речей в обращении с Бушем, Шредером, Шираком, другими политиками, бизнесменами, вообще с власть имущими во внешнем мире такой: «Вы свои махинации делаете? Делаете-делаете. Не врите. И мы не лыком шиты. Мы же с вами одной крови, одной породы, и нечего

Ваньку валять, прикидываться чистенькими». Самое интересное, что все ему фактически поддакивают. И Буш, и Шредер, и Ширак, и Блэр.

Конечно, он прав. Все делают свои дела. Но кровь разная. И порода. И мир в голове. И фундамент жизни. И ощущение своей частичности, краткости жизни, смертности личной. И статус других людей в сознании. И прагматика тоже разная.

В Техасе сдыхает корова от птичьего гриппа. США теряют в Гонконге миллиарды долларов на поставках мяса. Журналист, автор репортажа о корове, делает себе имя и деньги. С точки зрения Путина это глупо. Нужно закрыть тему для печати и заставить «компетентные органы», чтоб они «разобрались» и «предотвратили». Всем хорошо, и миллиарды долларов целы. Но вряд ли он сможет убедить Буша, что именно это выгодно для Америки. Во всяком случае, пока хочется верить, что даже если в таких делах Буш и пойдет на поводу у русского друга Владимира, ему не поздоровится. Вот и вся разница. Может быть, не такая большая, как хотелось бы, но все же существенная.

Независимые российские СМИ?
При Путине их нет, и не будет никогда.

Современная экономика?
Нет, конечно. Лишь пародия на экономику.

Цивилизованный бизнес?
При Путине это бизнес под крышей ФСБ.

Независимая судебная система?
Легенда, мы это видим каждый день.

Эффективная бюрократия?
Нет, конечно. Эффективное кормление бюрократии, это да.

Наука?
Без свободы и интеллектуальной конкуренции науки не бывает, она не развивается в таких условиях. Большие деньги на науку? Они уйдут налево. Ученые останутся нищими. А выставочные экземпляры не в счет.

Информатизация? Нет.

Здравоохранение?
Нет. Минздрав уже в прочном бессознательном состоянии. Просто безумие верить, что медицину смогут поднять чиновники, для которых слова «клятва Гиппократа» то же самое, что «чистые руки» для чекиста Путина.

Реформа армии?
Пока в армии процветают не профессионалы, а оборотистые чиновники в погонах, делающие деньги на приказах Путина, все реформы были и будут фикцией. Театральные действия — пожалуйста. Но причем тут реформы?

Цены на нефть греют тем, что растут. Но и пугают. Потому растут как-то необыкновенно быстро. Рано или поздно это кончится. И тогда...

Возрождение общественной морали?
Об этом не может быть речи в обществе, где сексоты — образец моральности.

Единство россиян?
Это по приказу-то? В сопровождении скинхедов да «наших»? Да ни за что. На гнилой основе единство не построишь.

Спецмораль

Пару месяцев назад один знакомый, член-корреспондент РАН, человек в возрасте, но активно работающий в науке, рассказал нам с женой, что к нему в коридоре института подошел молодой человек. Представился. И в укромном месте, без свидетелей, предложил стать осведомителем. Тот остолбенел. Даже в советские времена гэбэшники не совались к нему с такими предложениями. Знали ответ заранее. А теперь...

— Почему вы именно мне это предлагаете? — спросил он.

— Но вы же опытный человек, и порядочный, — последовал ответ без тени смущения. Мол, кому как не вам, понимать, что дело это благородное и полезное для страны.

Заслуженно уважаемый человек. С огромным жизненным опытом. Выдающийся ученый. И он думает, что предложение стать осведомителем содержит что-то негативное? Молодой сотрудник ФСБ не может представить себе такое.

Мысль, что, по-человечески, высшие чины ФСБ и даже Президент не высшие авторитеты в понимании того, что есть интересы Родины, для него дикая, невероятная. И политически это не их функция. По Конституции, если она еще что-то значит. Эта мысль ему даже в голову не приходит. На него, на сотни тысяч его коллег руководство ФСБ возложило функции вербовки. Ему, руководству и Президенту лично он без колебаний передал моральную ответственность за понимание интересов страны и за свои действия. А с себя ее снял. Также без тени сомнения. Очень может быть, что и священник в храме благословил его. Объяснил на исповеди, что нет в том греха. Ведь ФСБ о благе Родины радеет. Если хорошие, совестливые люди поощряют доносительство, то Бог им в помощь. Лишь бы оставались хорошими.

И молодой сексот искренно удивляется ограниченности своих собеседников. Вроде умные люди, а не понимают таких простых вещей. Может быть, жалеет их.

Ведь факт: ФСБ не препятствует появлению в СМИ информации о преступлениях КГБ. А над всеми нами Путин. Главный наш человек. Значит прошлое позади.

Нет, не позади. Каждое убийство во имя сохранения терроризма как идеологической валюты, каждый удар в лицо журналиста, пытающегося выполнять свой человеческий и профессиональный долг в Чечне, каждая порция откровенной лжи со стороны путинской власти во имя «защиты государственных интересов» свидетельствуют: не позади прошлое. Оно здесь, с нами. В самой современной обертке. Оно в этом мальчике с проштампованной ФСБ совестью.

Оно в сознании Путина, навязывающего стукачество, секретное сотрудничество с наследниками палачей, как образец служения Родине.

Это Путина нужно жалеть. Петр Первый был. Ленин

был. Сталин был. Что ему остается при его видении мира? Усовершенствовать методы тиранов. Повторять историю как фарс. Жить человеком, чье имя обречено на позор.

Я знал добрейшего человека. Молодым завербованный в чекисты, он в конце тридцатых всаживал пули в затылки врагов народа. Я видел, как он страдал, прошлое было раной. Как спился и умер в муках.

Но гораздо чаще я видел другое. Никаких мук совести. Чекисты сталинской поры, вспоминая себя участниками расстрелов, матерно орали со стеклянными глазами, упертыми в черноту ночи. Один такой в конце шестидесятых у нас работал вахтером в аспирантском общежитии на Академической в Москве. По ночам спать не давал, кричал в темноту за стеклом входной двери. Жутко кричал. Потом напивался и затихал.

Чем отличаются пули в затылки сограждан, выпущенные сталинским чекистом, от пуль в затылки чеченцев, выпущенных капитаном Ульманом? Ничем. И то, и то преступления от имени государства. И не имеет значения, что сталинские палачи остались неподсудными. Что суд их не судил, а современных палачей оправдывают по суду.

И те, и другие палачи. По своей суверенной воле, по своему соизволению. Совершенно неважно, тихие они, буйные, и какие такие «обстоятельства жизни», какие такие «великие помыслы» заставили их стать последовательными и откровенными убийцами, не признающими преступной сути своих деяний. И там, и там этих людей ждет конец, который уравнивает все амбиции, возвращает к изначальному равенству со всеми живущими, от которого не спасает никакая власть, никакое насилие над себе подобными. То, что точно обозначил Галич:

Дышит, дышит кислородом стража.
Крикнуть бы, но голос как ничей.
Палачам бывает тоже страшно,
Пожалейте, люди палачей.
Пока страшно не им. Но это ненадолго.

Маховик кризиса

Чудовищные по мощности государственные ресурсы снова, как в 1917 году, оказались в руках людей, которые уже бросились в пропасть, чтобы погибнуть и увлечь за собой сограждан.

Кризисное развитие стало фактом. Возрождена политика силы. Космос, ракеты, самолеты, танки демонстрируются как главные свидетельства мощи экономики страны, силы и эффективности режима. Пока смешные, потому что за уверенными лицами высших чинов, докладывающих об успехах, кругом все то же неизбывное преступное разгильдяйство и головотяпство. Да гробы из Чечни, груз 200. Да вопли матерей по всей стране. Но не надо о плохом. Пусть враги клевещут. Крепче национальный дух! Выше голову! Вспомним о Куликовом поле. О самолетах, где вместо сердца пламенный мотор. Да вот они, уже летают над Жуковским. Авиашоу, высший пилотаж. Люди смотрят, едят мороженое, у них счастливые лица. Настоящая жизнь возвращается, наконец. Формируются и обкатываются в СМИ новые концепции в поддержку ужесточения режима. Главная из них — угроза, исходящая от стран Европы и США, традиционных внешних врагов СССР.

Те, кто втянул Россию в омут диктатуры, развили огромную инерцию. У них нет иного выхода, как двигаться по этому пути дальше и дальше. Они будут наращивать силу и придумывать «грамотные сценарии», как подмять под себя сознание жителей страны, пустить пыль в глаза окружающему миру, надеясь, что это их спасет. Они будут все больше и больше ослаблять страну, перекашивая политику в сторону демонстрации силы, а экономику в сторону роста вооружений, военной составляющей космических проектов, зависимости от экспорта нефти, газа, оружия.

Слабость и неэффективность действующей российской власти прямая угроза стабильности в мире.

С другой стороны «демократия по-российски», игра на демонстрации военной мощи, которая опасна для мира прежде всего своей архаичностью, технической убогостью и неуправляемостью — сильный аргумент для тех за рубежом, кто заинтересован в изоляции России, в сохранении ее роли как третьесортной сырьевой базы мировой экономики. Сильный, потому что не надо никому ничего доказывать. Всем все видно. Это у нас телекадры Беслана показывают выборочно. Мир-то смотрит их без купюр.

Понимая противоестественность своей ситуации, Кремль уже демонстрирует защитный оскал. Заговорил о том, что те, кто выступает против «демократии по-российски», «рынка по-российски», «судебной системы по-российски», выступают ни больше ни меньше как против суверенитета и целостности страны.

В мае Владислав Сурков, высокопоставленный чиновник действующей власти, заявил: «Мы не просто за демократию. Мы за суверенитет Российской Федерации» (Радио Свобода. Стенограмма выступления Владислава Суркова на Генсовете «Деловой России» 17 мая 2005 г.). В контексте событий в Украине, Грузии, Узбекистане эти слова — предупреждение и прямая угроза (Владимир Рыжков. «Россия, суверенитет и демократия»). Критикуя Путина, мир угрожает российскому суверенитету. Угроза адресована США и Евросоюзу. Путина, нашу демократию не трогать! А то так «встанем, как один, скажем — не дадим», мало не покажется.

Одновременно это предупреждение внутренней оппозиции. И явной, и той, что пока скрывает свое лицо, славословя Путина в его собственных рядах: «Ребята, мы выиграли, кончайте базар. Не вздумайте возникать. Иначе придется вас уничтожить. И вы подохнете как ставленники зарубежных спецслужб, шпионы. Или как пятая колонна врагов России. Или как террористы. Или как неизлечимо больные. Способ и легенду подберем, все будет по первому классу».

В современном мире политика угроз и силы это и есть прямая угроза суверенитету и целостности страны. Угроза, исходящая от самой власти.

Вводя такую политику в ранг государственной, режим показывает всему миру, что действительно вошел в полосу крупных неприятностей. Демократический грим сохраняется, но мешает все больше и больше.

Сценарии развития ситуации

В 2000 году я опубликовал прогноз последствий захвата власти спецслужбами в России (см. текст «А чему удивляться?» от 9 февраля 2000 г.). В сентябре 2004 года — уточнил его (см. исходный текст «Когда сверху только Бог» от 20 марта 2000 г. на стр. 7). Сейчас, к сожалению, могу лишь откорректировать то, что сказал раньше. Возможные варианты развития ситуации на ближайшие годы исчерпываются двумя сценариями. Первый из них в ближайшее время не будет реализован с очень большой долей уверенности.

Сценарий 1. Крайне маловероятный. Спецслужбы уходят. Начинается строительство гражданского общества.

Этот сценарий ведет к потере сторонниками Путина всех завоеванных ими позиций и привилегий. К радикальной реформе ФСБ и законодательной базы. К внесению в Конституцию положения о преступности структур типа «партии Путина». К возможному судебному процессу над Путиным и его помощниками с параллельным судом над Сталиным и его последователями. Без этого Россия никогда не освободится от проклятия пожирающих ее изнутри неподсудных преступлений. Никогда не станет страной для жизни людей. Так и останется полигоном для упражнений политиков с не преодоленными юношескими комплексами.

Спецслужбы никогда не пойдут на такой сценарий, потому что это будет конец их нынешнего «ренессанса». Такой сценарий могут спровоцировать экстраординарные обстоятельства. Например, жестокая междоусобная война внутри спецслужб, которая примет открытые формы и полностью выйдет из-под контроля действующей власти.

Сценарий 2. Наиболее вероятный. Путин всеми доступными средствами будет укреплять авторитарную систему, невзирая на все углубляющийся кризис, вызванный ее политической и экономической неэффективностью.

До 2008 года Путин будет всеми силами сохранять демократический грим.

Под угрозой устранения себя своими же «сторонниками» он активизирует выборочные разоблачения реальных экономических и уголовных преступлений сотрудников ФСБ, МВД, Генштаба. Судебная власть будет балансировать между такими разоблачениями и показательными процессами, подобными тем, что уже состоялись.

Путин развернет тайные и открытые чистки аппарата. Он будет переводить нелегальный социально-политический и кадровый потенциал «партии сексотов» на легальное положение. Начнется новый этап партийного строительства. Власть частично выйдет из тени. Будет создана легальная партия власти (возможно, на базе «Единой России») во главе с Путиным. Возникнет корпус легальной партийной номенклатуры с опорой на корпус губернаторов. Кризисные явления в политике и экономике стабилизируются и примут затяжной характер. Теневая власть сохранится, но в форме, еще больше напоминающей аппаратные теневые структуры власти в советское время. Продолжится активный поиск новых форм адаптации режима к условиям внутренней жизни, к процессам в мировой политике и экономике.

После 2008 года под давлением политических, экономических, социальных кризисных явлений режим будет сбрасывать политический грим. Это приведет к росту кризисных явлений в обществе и к увеличению вероятности поворота событий в русло сценария 1.

Пока в стране полным ходом раскручивается маховик сценария 2.

Сто лет назад в России подобный маховик стал работать «с чистого листа». Его инерции хватило на 70 лет советской власти. Нынешний маховик также набрал уже огромную инерцию. Но это не «чистый лист». Теневые действия спецслужбы не могут остаться незамеченными для граждан страны, испытавших, что такое диктатура на себе и своих ближних. Это не может остаться незамеченным и для мирового сообщества, не абстрактного, а вполне конкретного.

Происходящее — фарс. Уже кровавый, но все-таки фарс. Ему противостоят интернет, новое поколение, опыт жизни в десятилетний период относительной свободы, контакты с внешним миром. Страна, пусть слабо, но интегрирована в мировую политику и экономику.

Эти факторы ограничивают срок власти спецслужб до 10—15 лет. За это время теневые боссы и их группировки перестреляют друг друга. У тех, кто останется в живых, созреет желание спокойной жизни для себя и своих детей. Детям «новых советских» станет очевидно, что преимущества теневой экономики советского типа не оправдывают финансовые затраты на политическую и экономическую крышу спецслужб. Тогда начнется строительство гражданского общества.

Но это потом. А пока режим Путина готовит новые беды стране и окружающему миру. Потому что за Путиным уже выстроилась очередь тех, кто считает, что Путин просто голубь. Что пора уже переходить к более решительным действиям, эффективнее использовать имеющиеся деньги, политический потенциал и власть.

Что придет на смену?

Режим Путина рухнет. Что будет вместо него? Люди останутся. Останутся амбиции, агрессивность. Останется собственность у тех, кто ее захватил. Какая политическая философия сменит философию спецслужб?

Для людей моего возраста такие мысли не очень актуальны просто потому, что они относятся к периоду за пределами физической жизни. И все же…

Конечно, я хотел бы, чтобы государство служило жителям, а не стояло бы над ними милиционером или ефрейтором. Чтобы лицо государства было похоже на лицо, а не задницу чиновника. Чтобы оно, как минимум, не мешало людям жить, работать, обеспечивать своим трудом себя, семью, детей. Чтобы оно не плодило криминал и не разрушало общественную мораль под благословение Патриарха. Чтобы оно было способно проводить социальные программы ради обустройства жизни, а не ради имитации активности, помогающей чиновникам воровать. Чтобы в нем процветала конкуренция мысли и дела, а не хитрожопости и «звезд во лбу», цена которым — ломаный грош.

Чтобы такое государство могло возникнуть, нужна, как минимум, политика, применимая не «вообще», а именно в этом нашем обществе со всеми его болезнями и тяжелым наследием. В условиях, когда тяга к воровству неизбывна, традиции насилия преобладают, а культура толерантности неразвита. Когда огромный потенциал бедности и агрессии пожирает общество изнутри. Такой политики нет. Ни у кого. И я не вижу тех, кто способен такую политику предложить. К сожалению.

В газете «Ведомости» в начале августа появилась Статья Ходорковского «Левый поворот» (М. Ходорковский. «Левый поворот». grani.ru/Politics/Russia/yukos/m.92839.html). Это шаг к выработке такой политики, но, увы, очень приблизительный и слабый. Ходорковский ошибается, предсказывая победу Зюганова на выборах 2008 года при среднем возрасте его электората в 60 лет. Он ошибается, принимая «идеологическую крышу» Зюганова за социал-демократические позиции. Он ошибался в 1996 году, принимая нелюбовь населения к разгильдяйству и глупости Ельцина за приверженность «коммунистическим идеалам». Он ошибается и сейчас, предрекая «левый поворот по Зюганову» потому что такой поворот уже состоялся. Зюганова опередил Путин. Он совершил тот самый «левый поворот» под легенды о гражданском обществе. И совершил его именно «по Зюганову». Вернул в нашу жизнь практику государственной власти, которая господствовала в СССР и была основой всех тех «успехов», которые приписывают коммунистической власти. Я объяснил, почему так считаю (С. Чесноков. Интервью АПН «Нижний Новгород». https://sergeichesnokov.files.wordpress.com/2014/09/hodorkovsky-2005.pdf) и не буду на этом останавливаться.

Совершенно отдельным и, хорошо бы, обязательным, должен быть разговор о достоинствах Ходорковского как человека сильного духом, достойного уважения за свой поступок. У нас ведь говорят много, а поступки на уровне личной жизни и смерти совершают очень немногие. Ходорковский единственный в стране, кто в здравом уме и трезвой памяти, прекрасно понимая, что делает, предпочел потерять огромную собственность, но не потерять себя. Попасть за решетку, но не отказаться от права жить и действовать там, где родился и вырос. Он сам заставил власть себя судить. Фактически он повторил эпизод ветхозаветной истории: запустил во власть камнем из простой веревочной пращи, и попал ей в лоб. Такого в России давно не было. Это сильное действие. Пусть его шельмуют люди, заносчивые умом, но духом бедные. Это естественно. Его поступок, не сомневаюсь, окажет глубокое положительное влияние на историю этой страны.

Общемировой контекст

И последнее, что хочу сказать. Россия и терроризм, Москва Путина и Нью-Йорк Буша — две стороны одной медали. Имя ее — кризис, в который вступило современное общество. Это кризис власти, идущий об руку с кризисом культуры. Когда культура становится идеологией, она тоже форма власти.

Исток, родник, от которого берет начало кризис, не в институтах политических или общественных. Он в чувстве личной власти одного человека над другим. Неважно, под прикрытием Закона, или под дулом бандитского автомата. Это остро чувствует любой человек, когда демонстрация власти направлена на него лично со стороны другого человека. Не менее остро, чем 27-летний бразилец Хуан де Менесес, когда 22 июня он встретил пулю лондонского полицейского на станции метро Стоквелл, убившую его по подозрению в терроризме.

Пуля появилась как посланец личной власти. Власти именно того полицейского, именно в тот конкретный момент, именно в тех конкретных условиях, именно на той станции лондонского метро. И сделала свое дело.

Моя констатация не оригинальна, она стара, как мир. Власть одного человека над другим исключает человеческое общение, естественную коммуникацию, то, с чего начинается жизнь, язык, общество. Одни люди присваивают себе от имени государства и Закона право на преимущество в диалогах с другими людьми. Они оправдывают это необходимостью водворять мир, спокойствие, созидание. Но водворяют войну, страх, разрушение. Правовые нормы, институциональные структуры идут следом. Не впереди. Здесь же источник терроризма.

Характерны эпитеты, которыми в 1935 году Сталина и его деяния наделяет Анри Барбюс в названиях глав своей книги «Сталин. Человек, через которого раскрывается новый мир» (Анри Барбюс. Сталин. Человек, Через которого раскрывается новый мир / Henri Barbusse. Staline. Un monde nouveau vu a travers un homme, перевод с французского под редакцией А. И. Стецкого, Москва, 1935): Революционер царского времени. Гигант. Созвездие национальностей. 1917—1927: первые камни. Война с паразитической оппозицией. 1928—1934: великие лозунги. Два мира. Человек у руля.

Валентин Гефтер, директор московского Института прав человека, в интервью еженедельнику «Белорусская Газета» от 23.08.2004 говорит: «главное не держать в голове горящее адским пламенем слово «диктатура» (Валентин Гефтер: «Главное — не держать в голове горящее адским пламенем «диктатура»).

Я понимаю его. Подменять право правосознанием опасно.

Согласен, если мы говорим как представители судебной власти. Как судьи или адвокаты. На худой конец как профессиональные политики.

Но я говорю о диктатуре Путина не как судья, давший присягу служить писаному закону. И не как политик. Я говорю как обычный житель страны. Говорю, потому что вижу. Потому что вернулось точное понимание слов «это не телефонный разговор». Потому что идея слежки за гражданами стала снова общепонятной. Потому что средства управления массовым сознанием точно планируются, и это видно невооруженным глазом. Это не диктатура? Тогда как это называть?

Когда реплика в диалоге пуля, преступление ясно всем. Но оно не так очевидно, когда вместо пули обычные слова, сказанные от лица власти, имитирующей диалог. Так сейчас планируются тексты СМИ идеологами Кремля. И что, это не диктатура, а «отстаивание своей точки зрения»?

Сталин и Гитлер залили мир кровью убитых физически. Но опыт Нюрнберга недостаточен, чтобы обнажить и сделать юридически верифицируемыми преступления того же Сталина в системе естественного языка, совершенное с помощью его идеологической машины. Огромный народ он заразил вирусом социального иммунодефицита, модификации СПИДа, когда уничтожил формы сознания, мешающие тоталитаризму.

С моей точки зрения Глеб Павловский преступник. Планируемые им идеологические акции по защите путинской власти паразитируют на ранах сознания, не заживших после сталинских идеологических чисток, на разрушенной социальности. Преступление играть на чувствах, израненных сталинизмом.

Но это моя точка зрения.

Я не понимаю отношение интеллектуальной элиты Европы к происходящему в России. С осени 1999 года я пытаюсь найти взаимопонимание в том, что делается в стране. Исключительная благожелательность и ноль внимания. Хотя, к сожалению, все идет по предсказанному мной сценарию. В сентябре прошлого года Путин использовал убийство детей и их педагогов в Беслане в качестве внутриполитического тарана для разрушения института региональных губернаторских выборов. В ответ на выраженный мною по этому поводу ужас, один чрезвычайно тонкий зарубежный знаток русской культуры мягко заметил, что «России не повредит, если она станет чуть более управляемой». Когда же я попытался обратить его внимание на тип социального действия, разворачиваемого властью Путина, он в ответ посетовал, что для него, к сожалению, стало привычным «спасать Россию от русских».

Допускаю, что я не понял его, а он меня. Хорошо бы. Мне глубоко симпатичен этот человек, много сделавший для нашей культуры. Но мне трудно понять, что служит основой интеллектуальной уверенности, с которой были сказаны адресованные мне слова.

«Конформизм и индивидуализм», «Демократия и диктатура», «Национализм и интернационализм», «Мир и война». Это названия глав в книге Лиона Фейхтвангера «Москва, 1937 год» (Лион Фейхтвангер. «Москва 1937»), восхваляющей Сталина.

Последняя глава «Ненависть и любовь» (ненависть запада к Сталину и любовь граждан СССР к нему же), завершается словами: «Как приятно после несовершенства Запада увидеть такое произведение, которому от всей души можно сказать: да, да, да! И так как я считал непорядочным прятать это "да" в своей груди, я и написал эту книгу».

Книга Фейхтвангера «Москва 1937» хрестоматийный пример ошибки, от которой не гарантирует причастность к интеллектуальной элите.

Еще недавно казалось, что преступления Гитлера и Сталина, опыт Китая, Кубы, Северной Кореи, Ирака на фоне развитых стран Европы и США делают различие между демократией и диктатурой очевидным. Но Россия показала, что это не так. Здесь в начале XXI века диктатура приняла формы, которые в реальности (не в кино) невозможно было представить.

На фоне терроризма, миграционного давления и этнических экспансий формы власти, неподотчетные общественному контролю, могут развиваться и в традиционно демократических странах. Это проблема объединенной Европы,

США, других развитых стран. Это вызов миру и мир не готов его принять.

Что такое демократия? Что такое диктатура? Каковы пределы их сосуществования в одной стране? Какими должны быть законы, способные предотвратить появление диктатур нового типа в демократических странах? События в России и реакция мира на них свидетельствуют, что ответы на эти вопросы, которые давались до сих пор, нуждаются, как минимум, в уточнении.

Эпилог

Сегодня 30 августа 2005 года. На сайте «Новости России» опубликован рассказ террориста Басаева («Басаев утверждает, что...» newsru.com/russia/30aug2005/bassaev.html) о том, как он год назад готовил теракт в Беслане совместно со спецслужбами Северной Осетии. Басаеву помог двойной агент. Он передал спецслужбам ложную информацию, что боевики 6 сентября, в день независимости Ичкерии, готовят захват правительственного комплекса зданий в Северной Осетии. За неделю до этого, 31 августа, спецслужбы открыли боевикам коридор для сбора разведданных. Те беспрепятственно зашли в Беслан и совершили теракт. Басаев заявил: международной комиссии по расследованию «живой участник операции готов дать показания».

Война есть война. Ложь от правды трудно отличить. Но слова Басаева правдоподобны. И это абсолютно безупречно поддерживают своими действиями сами российские спецслужбы во главе с Путиным. За примерами недалеко ходить.

Сегодня же по НТВ показали телерепортаж. Его вел Сергей Холошевский. Вчера вечером, 29 августа, неизвестные в масках напали на нацболов, лимоновцев, когда те выходили из приемной КПРФ. Били бейсбольными битами. Вот точная стенограмма телерепортажа.

В кадре. Человек с перевязанной головой. Лицо окровавлено, изуродовано раной: «Меня лично избили так, что я валялся на асфальте, потеряв сознание, лежал весь в крови».

Ведущий. Когда к раненым нацболам подоспела помощь, нападавшие уже успели сесть в автобус и выехать со двора. Дмитрий Елизаров, который стоял тогда на входе в приемную КПРФ, говорит, что неизвестные в масках действовали жестко и умело.

В кадре. Дмитрий Елизаров в гипсе на больничной койке.

Дмитрий Елизаров. Бейсбольными битами сломали две руки (показывает), две кости здесь (показывает), на затылке рассеченная мощная рана (показывает).

Ведущий. Через 40 минут автобус с неизвестными в масках был перехвачен милицией в Лефортовском туннеле. Дальше эта история принимает загадочный оборот. Офицер не подпускает телекамеру к автобусу.

В кадре. Подполковник милиции, он раздражен, что репортер пытается с камерой пройти к автобусу, снять задержанных.

Подполковник. Идите, снимайте там. Не надо здесь снимать!

Ведущий. А почему?

Подполковник. Да потому!

Ведущий. А вы нам скажите, что произошло?

Подполковник. Да ничего не произошло! (уходит к своей машине). Ведущий (идет за ним): А кто в автобусе?

Голос: Сотрудники.

Ведущий (вдогонку подполковнику): Товарищ подполковник! Сотрудники уже в автобусе, да?

Подполковник. Да, наши сотрудники. Ведущий: А сколько человек-то?

Подполковник (садится в машину). Сотрудников? Двадцать пять.

Ведущий. То есть там сотрудники милиции в автобусе находятся, да?

Подполковник (из машины). Да.

Ведущий. А откуда они приехали и куда направляются?

Подполковник. Домой.

В кадре. Полковник милиции, перед ним журналисты.

Ведущий. Полковник туманно объясняет журналистам, что проводится дознание.

Полковник (говорит в микрофоны, подставленные журналистами). Будем брать у них объяснения, выяснять, кто они, почему они оказались там.

Ведущий. Потом людей из автобуса начали развозить по домам на частных машинах. Они старались не показывать лица.

В кадре. Владимир Улас, первый секретарь московского горкома КПРФ, свидетель побоища.

Владимир Улас. Они не называли себя. Но когда их вели в отделение, они куртки подняли на голову, и здесь (показывает) у них были майки «Наши».

В кадре. Александр Аверин, пресс-секретарь национал-большевистской партии Лимонова.

Александр Аверин. Один из наших активистов, национал-большевиков, опознал одного из нападавших как человека, которого он видел в охране митинга «Наших».

Ведущий. Для лидера «Наших» драка на Автозаводской стала неожиданностью. Из летнего лагеря во Владимире он разоблачил «коварные цели нацболов».

В кадре. Василий Якименко, лидер «Наших».

Василий Якименко. Всякий раз, когда членов НБП избивают, ударяют ножом в шею, там, и так далее,... Я читаю в Интернете... Я думаю, что это естественный процесс криминального подпольного существования организации НБП. Совершенно очевидно, что им нужно на что-то финансировать свою подпольную фашистскую организацию. И деньги эти весьма сомнительного происхождения. Совершенно понятно, что активистам НБП за акции надо платить. Понятно, что постоянно у них возникают дрязги, и так далее.

Ведущий. Коммунисты, которые приютили лимоновцев в своем офисе, негодуют и грозят парламентским расследованием. Геннадий Зюганов направил телеграмму генеральному прокурору и министру внутренних дел. Союз правых сил обратился к нацболам, своим политическим противникам, с открытым письмом со словами поддержки. Милиция хранит молчание. А во дворе общественной приемной КПРФ до сих пор можно найти следы вчерашнего боя: оторванный капюшон, затертая лужа крови и островки выжженной факелами травы.

Приложение. Как появился этот текст

Я не политик. Не исследователь КГБ. Свою жизнь я посвятил вещам, которые считаю более важными — и для себя, и для людей вообще. При всех ужасах и кошмарах, которые порождает власть, вести себя активно по отношению к ней, противостоять ей, значит заниматься другой профессией, тем, что делают политики. Тем не менее, я всегда внимательно смотрел и смотрю, что делает власть. Потому что, не умея быть полезной для жизни, она очень хорошо умеет портить жизнь в этой стране. А это напрямую касается меня и близких мне людей.

Власть Ельцина была безобразной. Она занималась грязными делами. Но она не вторгалась в мой дом, в мою частную жизнь. Не мешала мне жить. Серьезнейшим исключением была (и остается) Чеченская война. Кризисы 1993 и 1996 годов. Автоматные очереди за окном моего дома по ночам. Но все-таки оставалось чувство, что есть профессиональные политики, журналисты, да вообще приличные люди, которые сознают все, что происходит. Я слышал их живые голоса в СМИ. Я был им благодарен, что делая свое дело, они дают мне возможность заниматься своим.

Но с приходом Путина власть не только сохранила все дерьмо, оставшееся от Ельцина, она снова стала тоталитарной. И живые голоса исчезли. Будто их нет вообще. Теперь можно отыскать только тексты некоторых из них в Интернете, и все они наперечет.

История этого текста такая. 22 апреля в ИМЭМО РАН проходила конференция «Российское общество в разных измерениях». Она была посвящена памяти социолога Леонида Абрамовича Гордона.

Я знал этого человека с конца 1960-х. С огромным уважением относился к нему, когда он был жив. И храню благодарную память о нем, когда его не стало. Мы не были близкими друзьями. Но я бывал у него дома. В том числе с гитарой. Мы обсуждали проблемы использования точных методов в его страноведческих исследованиях и вообще в социологии. Говорили о жизни.

Я, конечно, пошел на конференцию. Там встретил Юрия Самодурова, директора сахаровского центра. Мы давно знакомы. В конференц-зале сели рядом.

Выступления были интересными. Но меня не покидала мысль, что реальные социальные механизмы жизни общества, которые привели к судебному фарсу над Юрием в связи с выставкой «Осторожно, религия!», снова, как и при коммунистах, остаются вне прямого обсуждения в профессиональном социологическом сообществе. Вернулась знакомая манера говорить, когда за «вроде бы» фактами, «вроде бы» конструктивными научными построениями «проступает пятном немота», как пел Александр Галич.

Я предложил Юрию сделать у него в Центре доклад «Философия, стратегия и практическая политика КГБ в современной России». Без претензий на научность. И он согласился. Доклад состоялся 2 июня. Я попытался рассказать то, что действительно думаю о действующей власти, почему считаю ее преступной.

При советской власти я сумел прожить свободным человеком, оставаясь независимым от бюрократических порядков в Академии Наук и от бессмысленности, насаждавшейся государством. Я находил возможность, не потворствуя злу, делать в жизни то, что считаю для себя самым важным. К концу восьмидесятых я исчерпал все возможности. Мне грозила гибель. Оставалось одно: прекратить развивать то, чему я посвятил жизнь, перестать быть самим собой. Это и было гибелью.

Горбачев спас меня. Как и миллионам россиян, он дал мне возможность жить, находясь в зависимости только от моих собственных усилий и от оценки людьми того, насколько мой труд полезен для них. У нас с женой не было начального капитала. Вообще ничего не было. Даже жилья собственного. Тем не менее, я организовал частную компанию в 1989 году. Это не был бизнес. Это была единственная возможность спасти научный потенциал, довести сделанное мной до людей.

Приватизация нам ничего не дала. Наши два ваучера жена в Колонном зале Дома Союзов обменяла на акции фиктивной компании «Олби Дипломат», два клочка бумаги. Спонсоры, фонды самые разные были тоже не по нашей части. Попытки кончались ничем. Мы выслушивали рассказы про удочки, которые нам хотят всучить, чтоб мы ловили рыбу, про нищего, умирающего с голоду над зарытым под ним мешком золота. Их рассказывали менеджеры, у которых западный лоск и демократическая фразеология прекрасно совмещались с оборотистостью на советских началах.

Те, кто знал меня по работе у академика Станислава Шаталина, были озабочены властью, политикой или общественной деятельностью. Наука в моем понимании их не интересовала. То, что я делал, они не считали важным.

Тем не менее, в роли абсолютно частного независимого человека, опираясь только на свои силы, поддержку семьи, близких друзей, нескольких сотрудников и партнеров, мне удалось 17 лет продуктивно продолжать свои научные исследования. Были получены новые математические результаты, развивающие созданные мной с конца шестидесятых новые направления в логике, прикладной статистике, анализе данных, методах социологии. Сложился замечательный коллектив специалистов, небольшой, но работоспособный. Были созданы пакеты для анализа данных, которыми сейчас повсеместно пользуются социологи, экономисты, медики, биологи, лингвисты.

У меня, моих коллег не было средств, чтобы конкурировать с дорогостоящими маркетинговыми программами в России, которые вели американские производители аналитических пакетов, как компания SPSS. У нас не было шансов на успех в борьбе с ними за внимание decision maker'ов. Но мы стопроцентно выиграли борьбу за внимание тех, кто сам анализирует данные, чтобы решать нужные ему практические или научные задачи. Наша технология анализа в реляционных базах работает в федеральном регистре больных диабетом. Швейцарская компания «Хоффман ля Рош» сочла возможным оплатить нам работу над двумя другими государственными регистрами (по муковисцидозу, редкая и очень страшная генетическая болезнь, и по детям с болезнями крови, иммунной системы, онкологическими заболеваниями). Компания Хоффман ля Рош подарила сделанное нами программное обеспечение России, дар был принят с благодарностью. Эти регистры действуют, помогают врачам лечить людей. На нас же чиновникам было наплевать, но мы продолжали работать и делать свое дело.

С конца 1990-х меня регулярно приглашают читать курсы лекций о моих методах анализа данных и их приложениях студентам МГУ и Высшей Школы Экономики (социологам, экономистам, политологам).

Это был успех. Я им горжусь, просто по-человечески. Ведь нам противостоял не рынок. Не конкуренция. Если бы так, это было бы счастье, то, что нам как раз и нужно. Нам противостояли традиции антиинформационного общества, культура воровства и оторванных от жизни обносков советской идеологии. Нам противостояла амбициозная глупость под защитой научных регалий и краденого авторитета науки. Это гораздо более страшные противники, и мы их преодолели.

Но пришел Путин. Его власть вернула порядки советского общества, которые противостояли мне лично в годы правления коммунистов. Вернула в еще более жутком виде. Свобода исчезла. Я снова потерял возможность развивать свои идеи так, как я этого хочу, полагаясь только на свои действия и поддержку тех, кто поверил мне. Моим надеждам дать достойное развитие тому, что я считаю делом жизни, здесь, в моей стране, пришел конец.

Я должен был разобраться, что произошло. И я сделал это. Так возник этот текст.

Власть в России против несогласных (репортаж с места события)

«Новое Русское Слово», США, 30 апреля 2007 г.)
Была бы только санкция...

14 апреля 2007 года. Вчера по всем каналам СМИ чиновники грозили тем, кто придет на пушкинскую площадь: ОМОН будет бить. Предлог найдут. Мы с Линочкой вышли из дому в 11.00, за час до начала. Надели ортопедические пояса для фиксации позвоночника. Смягчат удары, если будут. В Пушкинском сквере, откуда должен начаться «марш несогласных», СПС не будет: они назначили свой митинг на час позже и в другом месте. Главное, говорят, чтобы выборы были честные. Кто же спорит. Яблочники тоже не придут. Завтра будут отстаивать экологию. Вспоминается Галич со строкой «Была бы только санкция — романтики сестра». Да незабвенный Чапаев: «Василий Иванович, бслые в лесу! — Эх, Петька, до грибов ли теперь». Над всем витает желание сохранить уже еле заметные остатки права на независимую политическую деятельность. Цена — готовность принять предложенные властью правила игры.

Город, как город. Люди, как люди. На улицах, в метро. Суббота. С утра снег, сейчас посветлело... В кармане диктофон. Решил записывать: «что вижу, то и говорю».

До свидания, мальчики. Постарайтесь вернуться назад

Метро «Пушкинская». На платформе группы. Людей значительно больше, чем обычно. Некоторые «в штатском», видно сразу. Без десяти двенадцать. Поднимаемся по эскалатору. Вниз плывет реклама книги Матерацци «Что я на самом деле сказал Зидану». За стеклянными дверьми в подземном переходе стаи милиционеров. Идем на выход к памятнику Пушкину. Выход перегорожен. За барьером в два слоя молодые люди в милицейской форме. Стоят плечом к плечу. Девочки, за ними мальчики.

— «А где можно выйти? Где можно выйти к памятнику? Не скажете?» Молчание. «Вас заставили молчать?» В ответ ни слова. Каменные лица. Будто не слышат. «Вы не скажете?». Открытый тон снижает напряжение. Мальчик в форме сзади, официальным голосом говорит: «Пожалуйста: прямо и налево». — «А почему к памятнику нельзя? Нам нужно наверх, к памятнику». Наконец, ответ по-человечески: «Нам просто нельзя. Нам не положено пускать». Девочка рядом добавляет: «Нам не разрешили». Ребята оживились. Девочки захихикали. Мы смотрим на них: «Такие красивые...». В ответ улыбки. Они, действительно, красивые. Ну, в форме. Ну, нарушают инструкцию. Но это ведь будет потом, когда кто-то из них перестанет нарушать, станет каменным навсегда и дослужится до генерала.

Пушкин и ОМОН

Люди идут потоком. Идем и мы. Прямо и налево, к выходу на Тверскую. Путь открыт только к метро «Маяковская». Все другие лестницы наверх перекрыты.

Поднимаемся по ступеням на поверхность. Толпа, но протолкнуться можно. В своем сквере на постаменте стоит бронзовый Пушкин. Он восславил свободу в жестокий век и призывал милость к падшим, о чем надпись на постаменте. От людей, пришедших отстаивать свободу два века спустя, его отделил ОМОН. Отряд Милиции Особого Назначения. Пушкин про ОМОН ничего не знал. Вдоль Тверской по краю проезжей части рослые, упитанные омоновцы в бронежилетах и касках. Лица разные — от непроницаемых, как те же бронежилеты, до любопытствующих. Первых подавляющее большинство. Цепь омоновцев от Пушкина уходит к Маяковке. Прерывается только на перекрестках. Каждый в ней связан со своими соседями двумя резиновыми дубинками. Одна своя, другая соседа. В одной руке рукоять своей дубинки, в другой — конец дубинки соседа. Плотные группы. Их руководители майоры и подполковники. Их видно по черным беретам. За цепью «черные воронки», только серого цвета. Большие крытые листовым железом машины с решетками для перевозки заключенных. Их ряды прерываются милицейскими уазиками и автобусами с надписями «ОМОН МВД». Автобусы похожи на ритуальные — той же марки, только приспособлены для другого. На той стороне Тверской военные машины с подкачкой, крытые брезентом. Много корреспондентов. Идут съемки. Голос: «Памятник Пушкину охраняют. А куда же идти?».

Гомункулюсы будут убивать нас потом

Обращаюсь к омоновцу. «Скажите, а почему вы не пускаете к памятнику?». Молчит. Повторяю вопрос. Молчит. Обращаюсь к человеку рядом: «Вы пробовали туда пройти? (показываю на Пушкина) — Пробовал. — И что? — Все обошел. Все забито. Насмерть».

Голоса сбоку: «Этих гораздо больше, чем нас. — Ну, это естественно. — Кого это они там толкают? — Забирают! — Вон, в той машине уже затолкали кого-то. — В той? — Нет, вон там, за этим, за туалетом. — Там пожилого человека бьют! — Вот срамота! — Что происходит, непонятно. — В переход не пускают. — Да отняли плакаты! Отняли плакаты у нашего комитета, понимаете, нет? — Толкнул меня, понимаете? Сумку мою растрепал ногами. — Да они не имеют права этого делать! — Да вы успокойтесь, пожалуйста. — Да... — Ну битюги-то там, конечно... — Бандиты! — Бандиты переодетые! — И сытые какие! — И большие! — А красивые какие! Какая у нас армия красивая! — Да, «красивая» армия... — Ах, ты, блядь, зараза, блядь... — Ну, ребята учатся... — И будут убивать нас потом! — Так они мобилизованы убивать нас, блядь! — Да они еще не поняли, кто они есть. — То ли они крестьянов и рабочих дети, то ли вообще непонятно чьи... — Гомункулюсы, из пробирок!».

В глаза не смотрят

В толпе выделяются крупные молодые мужчины в черной гражданской одежде. Короткая стрижка. Буквально пол-сантиметра. Почти бритоголовые. А может, это и есть бритоголовые? Внимательный, цепкий взгляд. В глаза не смотрят. Вообще не смотрят в глаза, только мимо. Пять омоновцев змеей внедряются в толпу. Двое в черном рядом, страхуют. Омоновцы хватают какого-то человека. Руки за спину, волокут в черный воронок. Цепь ОМОНа расступается, пропускает, человек исчезает за кованой зарешеченной дверью. Это повторяется много раз. Омоновцы выбирают жертву издалека, затем змейкой, — тройкой, пятеркой, — прошивают толпу, хватают, бьют, волокут и заталкивают в черный воронок. Все отработано.

— Вы видели этот ужас? - обращаюсь к ближайшему из тех, кто рядом.

— Да, видел. Тот, кто проявляет хоть какую-то активность, даже не то, чтобы, так сказать, там какие-то действия агрессивные или какие-либо еще, просто говорит более менее громко, ну как...не шепотом. Вот. Его тут же хватают и затаскивают туда.

— Кажется, возвращаются времена, про которые Мандельштам говорил «Наши речи за десять шагов не слышны»? – Да, так и есть. Так и есть.

Назад в будущее

Человек в штанах и ботинках омоновца, но в куртке гражданской говорит, его снимает оператор: «Ну как можно запрещать манифестацию людей? Либо... Оно все равно где-то прорвется, не сейчас, так потом прорвется... Ограничивать свободу нельзя». Люди слушают, кивают, соглашаются.

Омоновцы стоят, связанные дубинками. Линочка говорит громко: «Взяли ребят, молодых ребят, они работают, своя работа у них. Мы еще такого не видели». Один из них услышал и подмигнул нам. В точности как охранник Белого Дома Шварценеггера в Сакраменто, когда прошлым летом мы зашли туда и решили сфотографироваться на фоне охранника. Правда тот подмигнул и пригласил нас встать вместе и сфотографировался с нами на память. А этот подмигнул и тут же убрал человеческое выражение лица. Спрятал, стал безликим, как вся военизированная цепь. Нашивки: «ОМОН Иваново». Из Иванова ребят привезли. Рядом «ОМОН МВД». Длинная-длинная вереница. И много машин, в них тоже сидят омоновцы. На дверцах машин меч, который вертикально перекрывает флаг России.

Сосед, пожилой человек, оборачивается ко мне: «В касках, в бронежилетах, против народа... Это варвары, короче говоря. При мне парень молодой идет впереди. Омоновец догоняет, хлоп со всей силы по спине. Он передо мной шел. Ничего не делал. Молодой совершенно. Меня-то не тронули, я вроде старый. А молодого ударили. Опять молодых повели в машину. Несчастье... Они сами боятся до смерти. Они уже сами укакались там. Не Чечня, небось, Москва, бояться нечего... Да, правительство боится народа».

Вот ведут человека в машину ОМОНа. Его обыскивают. К нам, стоящим здесь, обращен окрик омоновца, ведущего обыск:

— Что стоите здесь?! Кого ждете?!

— Смотрим мы. Смотрим на вас!

Но омоновец не слушал, его окрик не предполагал ответа, он был обращен к массе, «вообще». Он открыл сумку молодого человека, небольшой синий кофр, и роется там. Из машины сквозь приоткрытую дверь с любопытством наблюдает другой омоновец. Человека заталкивают в машину и дверь с треском захлопывается.

Наши

Мимо нас идет молодой человек, окруженный омоновцами. Он в черном, изящного вида. Вот еще одного ведут, — говорю я громко в диктофон и поворачиваюсь к тому, кого ведут: — Как ваше имя? — Нет, меня не ведут, – отвечает. — А почему они (киваю на омоновцев) людей забирают? — Просто зачищают территорию. — А, вот так? — Да, конечно. — А вы участвуете во всем этом деле? — Нет, не участвую, наоборот, я против. Я считаю, что несанкционированные мероприятия должны быть разогнаны ОМОНом.

То есть вы представляете «наших»? — Нет, я не наш и не ваш, и ничей. — Молодая гвардия? — Нет. Давайте... Давайте вы замолчите сейчас! — Молодой человек явно раздражен. — А почему вы так говорите приказным тоном? — спрашиваю. — Я не говорю приказным тоном. — Вы заодно с этими людьми? — Извините, если люди не хотят проводить на ВВЦ (Всероссийский Выставочный Центр, бывшая ВДНХ, информированность «человека из толпы» впечатляет – СЧ) мероприятия? — Я понимаю, что вы одобряете омоновцев, которые арестовывают людей. Как вас зовут? — Александр Калугин, — отрезал молодой человек и скрылся. Мы явно мешали ему работать.

Овчарки

Три омоновца набрасываются на человека в голубой куртке с азиатскими чертами лица. Набрасываются жутко. Схватили, скрутили руки. Волокут в машину. Человек рванул рукой, но его буквально согнули в бараний рог. Голоса: — Они на это натасканы. — Натасканы, конечно. — Как собаки. — Дрессированные овчарки.

На здании Известий, на кромке крыши, обращенной к Тверской, флаг с надписью «Молодая Россия». Организация вроде «наших». Четыре человека зажгли «долгоиграющие» факелы, держат огромный плакат: «ПРИВЕТ МАРШУ ПОЛИТИЧЕСКИХ ВАЛЮТНЫХ ПРОСТИТУТОК!

Омоновцы не обращают внимания. Это санкционированная деталь разработанного сценария властей, все в порядке. С крыши «выстрелили» огромной пачкой листовок. Но ветер не учли. Унесенные за Тверскую, листовки тихо падают с неба на крыши домов и пустые дворы. Машины с арестованными отходят, на их место подъезжают другие, и через какое-то время отъезжают забитые арестованными.

Голос: «Абсолютная бесстыжесть, абсолютная... — Ну что вы хотите, Конституция существует в России только для власть предержащих. Больше ничего. Наплевали, растоптали эту Конституцию». Другой голос: «Как говорят в Одессе: вы не представляете, как вы правы». Смех. Еще один голос: «Против несогласных обещали марш согласных. А где он? Несколько тысяч обещали». Еще голос: «Да вон они, согласные!». В сквере по другую сторону Тверской, за рядами военных машин на колесах с подкачкой и автобусов, за плотным заградительным заслоном ОМОНа развевается кучка знамен «Молодой России». «Согласных» ОМОН охраняет. Он обращен не к «митингующим», а наружу, к тем, кто «может на них напасть» и «помешать суверенному демократическому волеизъявлению».

Вон туда, вниз, налево! Либо в метро все!

Пронесся слух, что возле Елисеевского выступает Владимир Рыжков. Он единственный из депутатов, кто вчера напомнил, как в свое время депутаты защищали людей, высказывающих свое недовольство. От ОМОНа защищали, тогда еще почти полностью советского. Теперешний ОМОН с тем не сравнить. От него защиты нет. Как нет и депутатов, кроме Рыжкова, способных, не то, что защищать людей от произвола власти, но даже помнить хотя бы, что когда-то такое было возможно.

Люди метнулись к Елисеевскому. Но вход туда также оказался перекрыт. А на выходе с противоположной стороны Тверской нас встретил подполковник в черном берете и его зычный приказ (воспроизвожу точно): «Пожалуйста (прозвучало как угроза, — СЧ), здесь не скапливайтесь! Либо в метро уходите, либо вперед, туда, вниз! Не скапливайтесь никто!» Вопрос из толпы: «А туда? (показали на сквер) — Нет, туда! Вон туда, вниз, налево! По-жа-луйста, всех предупреждаю! – полковник перешёл на крик, – Журналисты, не журналисты – вон туда, налево! Либо в метро все!».

Голоса: «Движемся к фашизму. — Мы уже давно пришли. — Хрустальная ночь вот-вот наступит. — ОМОН против народа. — Веймарская республика уже закончилась. — Да... Не знают, кого сажать диктатором. — У них под ковром бардак и раздрай. — Боятся. Придут другие, копать начнут, копать... — Пришли... — Докатились...».

Войсковая операция

Налицо чётко спланированная войсковая операция. Точно расставлены заслоны. Люди шли на марш несогласных, а оказались в созданном войсками мешке, откуда нет выхода, кроме как либо в сторону от места марша, к метро «Маяковская», либо обратно в метро «Пушкинская». В толпе шла женщина с двумя маленькими детьми. — А вы, с двумя детьми, куда? — говорит ей Лина. — В Макдональдс я иду, куда... – отвечает та. – Детей не могу покормить, все забито солдатами. Обе смеются абсурдности происходящего.

Применив внутренние войска, Власть успешно решила полицейскую задачу: отсекла людей от памятника поэту, у которого было назначено место сбора.

Кричал тростник, задетый ветерком

Мы спустились в метро. На платформе людей уже не так много, как было в 12.00. В торце зала под бронзовым бюстом Пушкина сидит девушка и что-то читает. Подхожу.

— Что вы читаете? – Я пишу. – Вы пишете стихи? – Я пишу музыку. – На какие слова, не скажете? – Это стихи Шмендра. Есть гитарная композиция. Это «Менестрели». – Один куплет не можете прочесть? Она расправила листок:

«Хочу светить с тобою наравне
И говорить на языке одном»

Пылающему солнцу в вышине
Кричал тростник, задетый ветерком.

— Здорово. Это ваша музыка? — Музыка? Это, вообще, песня. Только она на гитару положена. — Но вы сейчас делаете это чтобы разучить ее? — Я хочу положить эту музыку на фортепиано. — А, вот как. Большое спасибо. — Пожалуйста. Может быть, вы скажете, кто вы? — Я просто проходящий человек. Мы сейчас смотрели, что происходит на «марше несогласных»... — А-а! — Там была абсолютно другая жизнь. — Да, я предполагаю... — Спасибо! — До свидания. — Всего доброго!

Избранные публикации

- **БИОГРАФИЧЕСКИЕ ТЕКСТЫ**

1. С.В. Чесноков. «Мне интересен человек как человек...». Социологический журнал №2, 2001 г. Раздел «Профессиональные биографии», стр. 63-123. (Геннадий Батыгин и Лариса Козлова, интервью с Сергеем Чесноковым).

2. С. В. Чесноков. Ядов и его работа. Сборник «VIVAT ЯДОВ!», посвященный 80-летнему юбилею В. А. Ядова, директора Института Социологии РАН в 90-е годы. Издание Института социологии РАН, Москва, 2009, стр. 312-327.

3. Чесноков С. В. Леонид Витальевич Канторович: штрихи к портрету // В кн. Леонид Витальевич Канторович: человек и ученый, том 1, издание СО РАН, 2002, стр. 226-230. Статья написана по заказу сына Леонида Витальевича В. Л. Канторовича, одного из редакторов-составителей. Издание (двухтомное) приурочено к 90-летию Л. В. Канторовича (1912-1986).

4. Сергей Чесноков. Леонид Витальевич Канторович. Штрихи к портрету. Журнал «Вестник» (США), № 17(328), 20 августа 2003 г. (перепечатка из вышеназванной книги о великом математике).

- **ИСКУССТВО И НАУКА**

5. Два языка, две культуры: проблема и ее составляющие (Москва, 1995).

6. Александр Галич. Двадцать лет спустя. «Новое Русское Слово», США, 13.12.1997.

7. 50 лет работы, свободы и одиночества. Тезисы выступления на международной конференции «Творчество Юрия Любимова в отечественном и мировом театре. 50 лет Театра Ю. П. Любимова и 80-лет его творческой деятельности». Москва, 23 апреля 2014 г., театр Вахтангова, ул. Арбат 26.

8. Путь в долгое будущее. О Татьяне Ивановне Лещенко-Сухомлиной. «Новое Русское Слово», США, 31.10.1998. Сегодня Татьяне Ивановне Лещенко-Сухомлиной исполняется 95 лет…

9. Песенки в жизни персонажа. Галич, Окуджава. «Знание-Сила» № 8, 2003. Из выступления в театре песни «Перекресток» 16 ноября 2000 г.

10. Наука напрокат. Метафорические игры в научную истину. «Знание-Сила» № 12, 2003.

11. Персонажи второй жизни. Остров бабочек. Новелла Матвеева. «Знание-Сила» № 3, 2004.

12. Персонажи второй жизни. Состоявшаяся встреча, которой не было. Отар Иоселиани. «Знание-Сила» № 4, 2004.

13. Персонажи второй жизни. Московский концептуализм. Пригов и Рубинштейн. «Знание-Сила» № 5, 2004.

14. Чесноков С. В. Дмитрий Пригов: язык без границ. Израиль, 2018.

- **ЭМПИРИЧЕСКАЯ СОЦИОЛОГИЯ И МАТЕМАТИКА**

15. Чесноков С. В. Детерминационный анализ социологических данных //Социологические исследования № 3, 1980.

16. Метаматрицы в логике натуральных текстов. Социологический журнал. 2003. № 2, стр. 53—96.

17. Матрица данных как природный объект. Социологический журнал. 2008. № 3, стр. 127.

18. Матрица данных социологического опроса. Социологический журнал. 2008. № 4, стр. 100.

19. Матрица данных и понятия математики. Социологический журнал. 2009. № 1, стр. 100.

20. Целое число в социологическом опросе. Социологический журнал. 2009. № 2, стр. 100.

21. Nullius in verba и гуманитарные науки. Социологический журнал. 2009. № 3, стр. 100

- **ДЕТЕРМИНАЦИОННЫЙ АНАЛИЗ: МАТЕМАТИЧЕСКАЯ ОСНОВА И ДЕТЕРМИНАЦИОННАЯ ЛОГИКА**

22. Чесноков С. В. Детерминационный анализ социально-экономических данных. М.: Наука, Главная редакция физико-математической литературы. 1982. (Второе издание: (Чесноков С. В. Детерминационный анализ социально-экономических данных. М.: URSS. 2013).

23. Чесноков С. В. Силлогизмы в детерминационном анализе // Известия АН СССР. Серия: Техническая кибернетика. 1984. № 5. [Перевод на англ. в: Engineering Cybernetics. 1985. Vol. 22. No. 6].

24. Чесноков С. В. Основы гуманитарных измерений. М.: ВНИИ системных исследований. Москва, 1985.

25. Ротенберг В. С., Чесноков С. В. Виртуальность имен в процессе диалога в естественном языке // Известия АН СССР. Серия: Техническая кибернетика. 1986. № 5.

26. Chesnokov S. V. The effect of semantic freedom in the logic of natural language // Fuzzy Sets and Systems. 1987. Vol. 22.

27. Chesnokov S. V. Elementary Structure and Evolution of Natural Language. John Mc Caskill Kolloquium, Max-Plank-Institut für Biophysikalische Chemie, Göttingen, BRD, Freitag, 13. Juli 1990.

28. Чесноков С. В. Детерминационная двузначная силлогистика // Известия АН СССР. Серия: Техническая кибернетика. 1990. № 5.

29. Chesnokov S. V., Luelsdorff P. A. Determinacy analysis and theoretical orthography // Theoretical Linguistics. 1991. Vol. 17. No. 1-3.

30. Чесноков С. В. Физика Логоса. Нью-Йорк: Телекс, 1991.

31. Luelsdorff P. A., Chesnokov S. V. Determinacy-experience // Writing vs. Speaking: Language, Text, Discours, Communication / Ed. by S. Chmejrkova, F. Danesh, E. Havlova. Tubingen: Gunter Narr Verlag, 1994.

32. Чесноков С. В. Феноменология диалогов в гештальт-теории, математике, логике. 2-е изд. М.: URSS. 2013.

- **ДЕТЕРМИНАЦИОННЫЙ АНАЛИЗ: ПРИЛОЖЕНИЯ**

33. Чесноков С. В. Новый подход к расшифровке языка дельфинов. Доклад на семинаре «Расшифровка языка дельфинов». Государственный биологический музей им. К. А. Тимирязева. Москва. 1994. 1-2 марта.

34. Luelsdorff P. A., Chesnokov S. V. Determinacy form as the essence of language // Prague Linguistic Circle Papers. 1996. Vol. 2.

35. Чесноков С. В. Применение детерминационного анализа для поиска диагностических критериев и обработки данных при проведении комплексных ультразвуковых обследований // Клиническое руководство по ультразвуковой диагностике. Т. 4. Гл. XVII, М.: ВИДАР, 1997.

36. Чесноков С. В. Программный комплекс, обеспечивающий функциониро-вание Федерального регистра больных сахарным диабетом на территории России. Доклад на семинаре «Федеральный регистр больных сахарным диабетом», Ин-т эндокринологии РАМН, Москва, 12 ноября 2001.

37. Chesnokov S., Reznik K. Determinacy analysis and sequences orthography applied to the primary amino acid sequences for GABA-Receptors: Method, software, calculations. The frame of International Conference «Membrane Bioelectrochemistry: From Basic Principles to Human Health». Moscow. 2002. June 11-16.

38. Каширская Н. Ю., Чесноков С. В. Государственный регистр больных муковисцидозом/ Доклад на XII национальном конгрессе по болезням органов дыхания. Москва, 11-13 ноября 2002 г.

39. Чесноков С. В. Федеральный регистр «Болезни крови, иммунной системы и онкологические заболевания у детей и подростков». Доклад на III Рабочем совещании руководителей центров (отделений) детской гемато-логии/онкологии. Министерство здравоохранения РФ, НИИ Детской гематологии МЗ РФ. Москва. 2002. 28-30 ноября.

40. Чесноков С. В. Отраслевой полинозологический регистр «Болезни крови, иммунной системы и онкологические заболевания у детей и подростков». Опыт разработки и внедрения. Доклад на Первой Всероссийской Конференции по детской нейрохирургии. Российская Академия медицинских наук, Министерство здравоохранения РФ, Ассоциация нейрохирургов России, Институт нейрохирургии им. акад. Н. Н. Бурденко РАМН. Москва, 2003, 18-20 июня.

41. Белькович В. М., Крейчи С. А., Чесноков С. В. D-анализ синхронных этолого-акустических наблюдений беломорской белухи//Сборник трудов XVI сессии Российского акустического общества, том 3, Москва, ГЕОС, 2005.

42. Chesnokov S. V. The Effect of Amino Acids Positional Determinacy in Proteins/ Computational Science Seminar Series (CSSS), SDSC Auditorium. Tuesday, August 8, 3 pm. 2006.

43. Чесноков С. В. Программный комплекс, обеспечивающий функционирование федерального регистра «Ревматические болезни детей и взрослых»/ Совещание главных детских кардиоревматологов и детских ревматологов // В рамках XII Конгресса педиатров России «Актуальные проблемы педиатрии». Москва, 20 февраля 2008.

- **КОНТЕКСТ ПУБЛИКАЦИЙ В ИНТЕРНЕТЕ**

Биография:
https://sergeichesnokov.wordpress.com/about/

Библиография:
https://sergeichesnokov.wordpress.com/bibliography/

Записи разных лет (Галич, Пригов и Рубинштейн, пр.):
http://sergeichesnokov.wordpress.com/records/

Фотографии:
https://sergeichesnokov.wordpress.com/photo/

Авторский курс лекций «Люди и наука»:
https://sergeichesnokov.wordpress.com/texts/

19 мая 1959 года в Кембридже физико-химик и писатель Чарльз Перси Сноу прочел одну из ежегодных Rede-лекций о всеобщем благе под названием «Две культуры». Лекция посвящена конфликту гуманитарной и естественно-научной культур, возникшему в 30-е годы прошлого века (Rede-лекции учреждены в XVI веке в честь традиции, заложенной сэром Робертом Редэ). В современном мире конфликт принял новые формы. Теперь это конфликт гуманитарного и физико-математического языков. Курс лекций Сергея Чеснокова посвящен природе этого конфликта и путям его преодоления.

Об авторе

Сергей Валерианович Чесноков *(1943) - Российский ученый, математик, социолог, культуролог, музыкант, специалист по методам анализа данных и применению математических методов в гуманитарных исследованиях и проектах. Известен как создатель детерминационного анализа и детерминационной логики, исследователь гуманитарных оснований точных наук, активный участник песенного движения и артистического андеграунда в СССР и современной России до 2010 года.*

www.ingramcontent.com/pod-product-compliance
Lightning Source LLC
Chambersburg PA
CBHW071351080526
44587CB00017B/3058